智慧律所在中国

高度强 主 编

北京工业大学出版社

图书在版编目（CIP）数据

智慧律所在中国 / 高度强主编 . — 北京 ： 北京工
业大学出版社， 2018.12（2021.5 重印）

ISBN 978-7-5639-6009-5

Ⅰ . ①智… Ⅱ . ①高… Ⅲ . ①律师事务所－管理－研
究－中国 Ⅳ . ① D926.54

中国版本图书馆 CIP 数据核字（2019）第 019515 号

智慧律所在中国

主　　编：高度强

责任编辑：齐珍娇

封面设计：点墨轩阁

出版发行：北京工业大学出版社

　　　　　（北京市朝阳区平乐园 100 号　邮编：100124）

　　　　　010-67391722（传真）　　bgdcbs@sina.com

经销单位：全国各地新华书店

承印单位：三河市明华印务有限公司

开　　本：787 毫米 ×1092 毫米　1/16

印　　张：11.75

字　　数：235 千字

版　　次：2018 年 12 月第 1 版

印　　次：2021 年 5 月第 2 次印刷

标准书号：ISBN 978-7-5639-6009-5

定　　价：50.00 元

序

人工智能与中国法律新时代

2018 年的 8 月份，我完成并出版了自己的第一本管理类书籍《谁站在马云背后：总裁律师帮总裁打天下》，虽然之前也出版过一部《总裁律师来了》，但它是真正意义上总结归纳了我十几年的法商研究的一本力作。

2017 年的 9 月份，在北京大学法商课题组的指导下，我发起开展"智慧律所百城千创工程"这个项目，计划在全国 100 个城市开展智慧律所与智慧法院的落地活动，也帮助国内中小型律所实施信息化的建设。一年的时间，该项目已经帮助全国近 2000 家律所找到了信息化建设的具体路径和方法，并成功帮助国内 300 多家律所实现了智慧律所的建设。

有朋友鼓励我说，智慧律所的实践取得了这么好的成果，何不将这些经验整理成一本书，让更多的律所看到呢？一开始我也考虑过这个建议，但是人工智能和大数据这个课题太大，凭我一人之力，恐怕不足以详尽介绍人工智能与智慧律所的全部内容。经过再三考虑后，我在国内感召几十位编委一起撰写了《智慧律所在中国》这本书，对"智慧律所百城千创工程"在国内的实践进行了全面的归纳总结，期间我们也再次对国内近百家律所进行了调研考察，通过不断地勇敢探索和求证，共同总结了一套律所发展的经验和方法，希望可以给正在发展的律所一些启发和帮助。

2017 年 3 月 5 日，第十二届全国人民代表大会第五次会议在人民大会堂举行开幕会，李克强总理做了政府工作报告，报告首次将"人工智能"写了进来，国家对人工智能的重视、对法律的"敬畏"，相信所有的法律人都有很深的触动。党的十九大报告指出，加快建设制造强国，加快发展先进制造业，推动互联网、大数据、人工智能深度融合。互联网、大数据、人工智能成了创新经济的核心。

人工智能的进一步发展，会不可避免地对就业造成冲击。很多岗位和职业会逐步消失，如银行出纳员、客户服务代表、电话销售员、股票和债券交易员等，同时对于我们法律人也造成了很大的冲击，社会上不乏"人工智能威胁论"，担忧机器人会"反噬"人类。

早在 2016 年，智慧法院的建设就已经被纳入《国家信息化发展战略纲要》和《"十三五"国家信息化规划》，各地已经开始积极推进智慧法院的建设。

如何实现智慧律所与智慧法院的对接落地呢，这也是我想写这本书的初衷。

在人工智能的新时代发展背景下，中国的法律服务行业也迈入了一个新的时代，这就要求我们律师乃至整个律师行业应该实现视野的跨界、知识的跨界、专业的跨界和服务的跨界。

法律行业一直被称为"离互联网最远的行业"，目前中国有近 3 万家律所、34 万名律师。但律所发展极不平衡，99% 的律所规模小、管理负担重、业绩增长慢。同时律所在吸引案源、人才梯队、系统管理方面存在诸多瓶颈。同时小律所品牌缺失，案件协作方式烦琐，导致律师负担过重、效率下降。

深入推进司法体制改革，努力创造更高水平的社会主义司法文明，是法律界共同追求的目标。

在构筑法治中国的最好时代，恰逢人工智能技术的发展期，这是时代赋予法律科技服务企业的重大历史机遇，我们作为法律工作者有义务共同为法律知识赋能，为建设法律服务生态圈而努力。

本书从四个方面来叙述关于智慧律所打造的方方面面，致力于让全国的中小型律所可以借助人工智能和大数据的红利加快信息化建设，转型成为"智慧律所"，以及让更多的企业受益，让更多的企业可以健康地发展，实现基业长青的终极目标。

我本身是一位律师，同时还是一位企业家，常年致力于法商领域的研究和教学工作，这次有机会和国内几十位编委一起创作，感到非常庆幸。希望凭借我们的力量可以给一些正在发展中的律所提供一些借鉴和参考，能够帮助更多的律所发展壮大。

律所信息化建设，任重而道远。独自行走，可能会走得很快，但结伴而行，会走得更远。

当我们准备迈入一个新时代的时候，为我们展开的是一幅美好的画卷，还是一片惨淡的未来，答案不必外寻，它就在本书之中。我们无须担忧和惧怕人工智能时代的到来，我们所要做的，应当是尽早认清人工智能与人类的关系，了解变革的规律，更好地拥抱新时代的到来。

最后，要特别感谢国家对智慧法院、智慧律所建设的重视，感谢北京工业大学出版社对本书的支持，感谢北京岳成律师事务所、北京市中伦文德律师事务所、上海建纬律师事务所等近 30 家智慧律所的案例参考，感谢我的团队对"智慧律所百城千创工程"项目的支持，感谢所有的编委。

仅希望本书能为这一领域的研究做一些有益的探索，若有不足之处，还愿各位读者朋友斧正。

2018 年 8 月 28 日

前　言

　　2016年，智慧法院建设被纳入《国家信息化发展战略纲要》和《"十三五"国家信息化规划》，智慧法院建设已经上升到国家战略层面。最高人民法院和地方各级法院围绕《人民法院信息化建设五年发展规划（2016—2020）》确立的2017年总体建成人民法院信息化3.0版的建设目标，紧扣智慧法院"全业务网上办理实现网络化、全流程依法公开实现阳光化、全方位智能服务实现智能化"的总体要求，加强顶层设计，遵循标准统一、目标多元、因地制宜等原则，积极推进智慧法院的建设，已经初步勾勒出通过技术手段的支撑助力司法体制改革的愿景。

　　2017年5月11日，最高人民法院院长周强在全国法院第四次信息化工作会议上强调："要统筹兼顾，全面把握智慧法院建设的总体布局。智慧法院建设要以促进审判体系和审判能力现代化，提升司法为民、公正司法水平为目标，充分利用信息化系统，实现人民法院全业务网上办理、全流程依法公开、全方位智能服务。"

　　智慧法院不仅是人民法院在信息化和"互联网+"时代自身建设和优化职能服务的客观需要，还是国家信息化建设和法治社会建设的重要组成部分。对于法院审判工作来说，它改变了法院传统的办案方式，实现了案件公文网上运行，手写记录、纸质文档传送等工作可以依托成熟的网上办公办案系统完成，大大增加了办公办案的公正性和透明度，缓解了繁重的案件压力，实现了审判管理的现代化，提高了法官的司法能力，为办公办案人员减少了很多的工作量，也有助于提高司法效率，为更好地维护社会公平正义提供有力的科技支撑。因此不管是对内还是对外，智慧法院都有着非常重要的意义，对法治社会进程的推进有很大的作用。

　　我国律师制度自1979年恢复以来得到了迅速的发展，因律所所处地域、管理模式、业务方向和发展目标的不同，出现了不同规模的律师事务所，依据律所人数不同，一般将律所分为小型、中型、大型三类。

　　据权威数据统计，目前国内律师数量已经突破34万，律所有两万多家，粗略统计下来平均每家律所拥有执业律师13名。从平均数据显示的信息和各地统计的信息来看，中小型律所是中国律师行业的主要力量。对于中小型律所而言，如何建立起科学、高效的管理模式和进行高效的信息化运营，一直是重要而艰难的课题。

随着科技的发展，消费者对高品质、高效率的法律服务需求日益增长。"互联网＋服务"等模式，被越来越多地应用到法律服务当中。在大数据、人工智能的新时代，各行业不仅站在了"巨人"的肩膀上，还站在了人类的"智慧之巅"。而对于法律服务行业来说，应及时树立互联网思维，推动形成有利于平台互联互通、信息共享共用、业务衔接联动的体制机制。

新时代也对中小型律所的管理提出了更高的要求。律所文化、业务质量（案件管理流程化、服务内容标准化、岗位职责明确化）、信息化建设这些潜在问题都需要中小型律所再次给予高度重视。

本书不仅是对中国两万多家律所发展的回顾和总结，还深度剖析了目前法律服务行业存在的一些普遍性问题，也结合目前人工智能、大数据的发展环境，给出了传统律所转型的具体方案，旨在探索中国中小型律所更好的发展模式。

笔者相信，智慧律所这种创新性的尝试将会引起法律服务业的升级，彻底颠覆传统法律服务形式。

目　录

第一章　智慧律所产生的背景和意义

第一节　智慧律所的政策支持

2017 年，人工智能被写入《政府工作报告》引发了各行各业的人工智能热潮，一时间网上铺天盖地都是人工智能相关的信息，其实，在人工智能进入《政府工作报告》之前，我国政府就已经出台了众多相关政策，来促进人工智能技术和相关产业的发展。

2015 年 5 月，国务院印发《中国制造 2025》，其中"智能制造"被定位为中国制造的主攻方向，而这里智能的概念，其实可以看作人工智能在制造业的具体体现。

2015 年 7 月，国务院印发《国务院关于积极推进"互联网＋"行动的指导意见》，其中人工智能是重点布局的 11 个领域之一。

2016 年 3 月，《国民经济和社会发展第十三个五年规划纲要（草案）》发布，国务院提出，要重点突破新兴领域的人工智能技术。

2016 年 5 月，国家发展改革委、科学技术部、工业和信息化部、国家互联网信息办公室联合印发《"互联网＋"人工智能三年行动实施方案》，方案提出，到 2018 年"形成千亿级的人工智能市场应用规模"。

2016 年 7 月，国务院印发《"十三五"国家科技创新规划》。该规划指出：要重点发展大数据驱动的类人智能技术方法；突破以人为中心的人机物融合理论方法和关键技术，研制相关设备、工具和平台；在基于大数据分析的类人智能方向取得重要突破，实现类人视觉、类人听觉、类人语言和类人思维，支撑智能产业的发展。

2017 年 3 月，人工智能首次被写入国务院的《政府工作报告》，正式进入国家战略层面。

2017 年 7 月，国务院印发《新一代人工智能发展规划》，提出了"三步走"的战略目标，宣布举全国之力在 2030 年抢占人工智能全球制高点，人工智能核心产业规模超过 1 万亿元，带动相关产业规模超过 10 万亿元。

2017 年 12 月，工业和信息化部印发《促进新一代人工智能产业发展三年行动计划（2018—2020 年）》。该计划提出，以信息技术与制造技术深度融合为主线，以新一代人工智能技术的产业化和集成应用为重点，推进人工智能和制造业深度融合，加快制造强国和网络强国建设。

2018 年 3 月 5 日，人工智能再一次被进入《政府工作报告》。国务院总理李克强在代表国务院向十三届全国人大一次会议做政府工作报告时提出：发展壮大新动能；做大做强新兴产业集群，实施大数据发展行动，加强新一代人工智能研发应用，在医疗、养老、教育、文化、体育等多领域推进"互联网+"；发展智能产业，拓展智能生活；运用新技术、新业态、新模式，大力改造提升传统产业。

自 2016 年以来，中国的人工智能政策密集出台，这也意味着，在全球竞争的背景下，人工智能已经上升为国家战略和国家意志。

第二节　人工智能在法律领域的应用

在法律行业，面对已经到来的人工智能，有人嗤之以鼻，认为以目前人工智能的技术水平来看，谈颠覆仍为时过早；而有人却坚持认为人工智能将以迅雷不及掩耳之势给法律行业带来翻天覆地的变化，甚至将会取代律师。

应该说当法律遇上人工智能，各方观点争论不休。我们来看一组现象：

2016 年，世界四大会计师事务所之一的德勤会计师事务所宣布，与人工智能企业 Kira Systems 合作，将人工智能引入会计、税务、审计等工作中，代替人类阅读合同和文件。

2016 年 6 月，美国开发了史上首个人工智能律师 Ross。用户可以向它询问任何问题，它会自动分析问题，检测答案库里最相近的答案，然后给予解答。

2016 年，英国伦敦的某律所建立了一个"案件结果的预测模型"，它通过对成千上万份法院判决进行自然语言分析和处理，可以预测类似案件结果，甚至预测哪位法官倾向于支持原告，等等。

2017 年，名叫 Case Cruncher Alpha 的法律机器人和 100 名来自剑桥大学的法律系高才生进行比赛，并轻而易举地打败了他们。据报道，该机器人和剑桥大学法律系的学生总共提交了 775 份预测报告，结果机器人的准确率为 86.6%，而学生的准确率只有 66.3%。

应该说，在现阶段，人工智能极有可能代替低级别律师，高效、准确地开展重复性的工作。

而从以上案例来看，人工智能改造法律服务行业的潜力十分惊人。从技术的发展来看，人工智能可以分为三个阶段：计算智能（能存会算）、感知智能（能听会说、能看会认）、认知智能（能理解、会思考）。最理想的状态是实现认知智能，也就是人工智能能够代替人脑进行理解分析，然而不得不承认，如今人工智能尚且处在初级阶段，仅能通过降低法律检索、尽职调查、文件审阅、合同起草的劳动成本，来提升律师的工作效率。

应当说，在人工智能的帮助下，法律的法条的解说、案例的参考、法律依据的比对等烦琐的工作都比原来快了很多，也就是说，人工智能可以帮助律师处理大量的烦琐事务，大大提高了律师的工作效率，但取代律师尚需要技术的完善和时间的沉淀。

因此，谈人工智能取代律师为时尚早，但法律人仍应重视人工智能技术发展带给法律行业的改变。

【延伸阅读】

关于法律界的人工智能，这些知识法律人一定不能错过！

如今，与人工智能相关的新技术、新概念层出不穷，这些信息借助社交网络和各种媒体平台扑面而来。于是乎，人人都在谈论人工智能将改变世界，人人都知道人工智能是大势所趋，甚至每一个你遇到的人，都能针对人工智能来一段长篇大论般的解说。

一、法律领域的人工智能

对于大部分人来说，提到人工智能，他们想到的大多是机器人，殊不知，机器人只是人工智能的容器之一。

在法律领域，也同样如此，很多律师和律所都在谈论人工智能，也有很多法律人就人工智能未来能否取代律师争论不已。但他们对于人工智能目前在法律领域的应用和发展是怎样的、中小型律所在人工智能领域有哪些机会、人工智能对于律师的知识管理能起到的作用有多大、人工智能是否能为律所带来标准化的法律产品、律所如何实现人工智能的实际运用等深层次的应用问题，却很难给出答案。

这源于他们获取的知识来自碎片化的内容，更多的表达和输出是基于自己的认知，并没有形成一套完整、系统、可行的知识体系。

那么什么是法律领域的人工智能？常年与律师和律所打交道的滴慧商学创始人高度强认为，就目前而言，真正能帮助到法律人的人工智能是指借助大数据、云计算等高新技术让机器具备法律知识，并能主动从海量的资料中挖掘需要的数据。在他看来，如何完成案件基础数据量的积累以及如何将案件信息转化为可量化的知识是目前法律领域人工智能的难点。

二、中小律所的困境和出路

值得关注的是，目前国内律师人数已经突破 30 万，律师事务所也达到了 2.5 万家之多。但律所中的二八法则也异常明显，20% 的大所正借助品牌、资本、模式、技术、管理、信息获取等优势不断压榨 80% 的中小律所的生存空间。通俗来讲，在趋势面前，大所已经开始在攻城略地了，中小律所却还来不及反应，两者的差距显而易见：20% 的律所占据了行业 80% 的优质资源。

那么，中小律所与普通律师如何在资源不足的情况下突破重围是众多法律人关注的重点。作为长期专注于为律师和律所提供服务的机构——滴慧商学认为，未来人工智能技术的应用会为律所处理包含法律咨询、尽职调查、搜索法条等在内的简单重复性事务，这将给中小律所带来前所未有的机会，甚至中小律所通过技术创新实现弯道超车也大有可能。

但中小律所和大所相比，面临着资金不足、规模有限、信息获取能力差等诸多劣势，无论是在财力还是人力上，都难以独自支撑起人工智能的技术开发和应用成本。

因此，大势将至，利用现有资源和信息在人工智能领域有所行动和突破，才是中小律所实现发展的关键所在。

三、中小律所实现飞跃的途径

在这样一个人人都在谈论人工智能的时代，中小律所管理者显然早已看到了未来的趋势，但他们面临的最大问题是意识到了趋势所在，却无从下手，他们急需借助更多的资源和更大的平台。

一份名为《文明 2030：不久将来的律所》的报告提道，"在 15 年内，机器人和人工智能将会主导法律实践，也许将给律所带来结构性坍塌，法律服务市场的面貌将大为改观"，这个预测目前已经获得业内人士的高度认同，同时，人工智能在检索、智能化判断、法律咨询等领域的前景也得到了众多法律人的关注。

相比"智慧律所"，法律人对"智慧法院"的概念更为熟悉。智慧法院概念自 2016 年提出至今，在司法信息资源的多元多级检索、案件分析、人案测算、趋势研判、业绩评价和社会交互评价领域已经取得了阶段性的成果。而"智慧律所"概念的提出，则旨在帮助中小律所实现案件管理流程化、服务产品标准化、品牌建设专业化。"智慧律所"项目的推动和实施在很大程度上将帮助律师从烦琐的重复工作中解脱出来。

相较于其他人工智能的产品而言，"智慧律所"项目则更注重落地和实操，不论是耗费大量人力、物力、财力开发出的智能机器人，还是在启动会上推出的智能终端机、律所管理软件、滴慧商学智能直播系统等产品，都是为了帮助律所解决自身管理、品牌建设的问题，从而推动律所搭上人工智能的快车。

从中小律所未来发展的层面来讲，"智慧律所"项目为律所借助人工智能实现飞跃发展提供了平台。

【延伸阅读】

首届智慧律所高峰论坛在北大成功举办，"智慧律所百城千创工程"正式启动

图 1-2-1　"智慧律所百城千创工程"启动仪式

如图 1-2-1、图 1-2-2，2017 年 9 月 18 日，由北京大学法商金融课题组和北京大学国际经济研究所联合主办的智慧律所高峰论坛在北京大学英杰交流中心隆重召开，"智慧律所百城千创工程"正式启动。

图 1-2-2　"智慧律所百城千创工程"启动仪式

图1-2-3　北京大学国际经济研究所所长王跃生

如图1-2-3,北京大学国际经济研究所所长王跃生教授表示,在共享经济、人工智能大背景下,需要把共享经济思维运用到法律中去,法律服务和律所管理要利用大数据进行创新,智慧律所的创建就显得尤为重要。

图1-2-4　北大法商金融课题组组长、滴慧商学创始人高度强

如图1-2-4,滴慧商学创始人高度强表示,随着智慧法院建设被纳入《国家信息化发展战略纲要》和《"十三五"国家信息化规划》,各级法院对司法人工智能高度重视。智慧律所将成为律师事务所创新发展的重要趋势,律所在信息化建设中,中小律所碍于资金不足、人力独立、管理分散等,开发智慧律所的难度大,因此,通过一个平台,整合资源,实现共享,促进中小律所联合发展成为智慧律所就显得尤为重要。

高度强进一步表示,智慧律所百城千创工程的启动,是律师事务所信息化管理、自身发展建设和强化专业水平的客观需要,旨在通过智能化平台将全国100个城市1000家律师事务所链接在一起,推动律所信息化发展,增强律所的核心竞争力,促进法律服务市场结构性变革,对加快国家信息化建设和法治化进程具有重要的战略意义。

图 1-2-5　京衡律师集团董事长陈有西

如图 1-2-5，京衡律师集团董事长陈有西提出，智慧法院和智慧律所的创建，大大提高了律师的办案效率，减轻了法院的办案压力。法律人工智能要善于吸收实践效果，通过一线法律人和互联网信息产业服务商紧密互动，优化互联网法律产品设计，实现人工智能、律所管理、律师办案实践紧密结合，达到共赢效果！

图 1-2-6　金杜律师事务所高级合伙人涂能谋

如图 1-2-6，金杜律师事务所高级合伙人涂能谋在论坛上表示，随着时代的发展，科学技术已经发展到了人工智能阶段，人工智能技术将是法律服务行业未来一个至关重要的发展方向。未来，企业和个人都会要求律师及律所能更有效率、更低成本地提供法律服务，新兴的科技能够使法律行业的工作更高效。

图 1-2-7　法律出版社应用分社社长戴伟

　　如图 1-2-7，法律出版社应用分社社长戴伟表示，为顺应"互联网+"时代的到来，法律服务市场将推出多个阶层，其中如法律咨询、文书合同等高频率、高容量的法律服务人工智能将代替人类以更低成本和更高效率的方式提供服务，同时基础的法律服务市场价格也将回归理性；律师也将借助法律人工智能产品获得更强的信息整合、分析、判断能力，利用更多的时间、精力去钻研、深挖、细分服务领域，顺应法律服务市场结构的变革。

图 1-2-8　金杜律师事务所高级合伙人涂能谋与美国资深律师杰西·韦纳

　　如图 1-2-8，论坛上金杜律师事务所高级合伙人涂能谋和美国资深律师杰西·韦纳共同探讨新经济环境下，国外律师怎样玩转共享经济。论坛上，杰西·韦纳以十多年美国律师执业经验，就一些共享经济实体案例，从合同起草到公司设立、证券交易、知识产权、劳动方和雇佣方之间关系等方面来阐述共享经济时代下，法律服务应该发生哪些改变。杰西·韦纳表示随着新经济时代的到来，新的规则就需要改变，法律工作者作为规则的制定者，就要不断学习和接受新法规则，适应新经济体制的发展需要。

随着中国创新驱动发展战略的加快实施，如何适应服务市场的变化、为客户提供创新性的法律服务依然是每个律所生存和发展中不能忽略的重要问题。同时所有律所都应顺势而为，充分借助当前"跨界、共享、人工智能"等核心趋势，打造法律服务新业态，赢得更大的发展。

一、"智慧律所"的技术支持

（一）法律机器人

法律机器人是"智慧律所"建设的一部分，是法律与人工智能的强大融合，涵盖了法律咨询、企业专项法律服务"两大服务系统"。涉及刑法、行政法、劳动法、侵权法、婚姻法、交通事故、房地产纠纷、合同纠纷等几十个专业领域。

仅在法律咨询模块，兼具接待当事人咨询、24小时无人值守咨询、通过AI技术实现与咨询的当事人面对面交流、引导当事人了解法律问题处理流程、帮助检索法律文件或合同模板、对案情要素对比进行结果预测等功能。

（二）智能终端机

品牌建设其实是所有中小律所的软肋，在很多次律所管理人员的研讨会上，这个问题都被作为困扰律所的重大问题之一被抛出，但在实际交流过程中，虽然有部分经验可借鉴，但实际并没有形成系统、可行、科学的品牌建设方案。

归根结底，专业的事还应由专业的人来做，中小律所因规模、人员制约，在品牌建设领域先天不足。"智慧律所"项目推进之初就组建了一支专业的品牌建设团队，在多次对律所品牌建设领域遇到的问题进行讨论总结后，形成了一套以智能终端机为载体的品牌建设方案。

智能终端机作为新一代的智能设备，将通过终端软件控制、网络信息传输和多媒体终端显示构成一个完整的律所品牌宣传播控系统，同时还将在终端机上搭载智能应用系统，实现智能咨询、智能检索、远程协同操作等功能。据悉，智能终端机将根据人工智能、大数据等最新技术的发展，进行系统的迭代更新。

（三）智能管理软件

律所的管理对律所主任而言，复杂且令人头疼，律所的管理跟不上恰恰是制约律所发展的重要因素之一。我们在调查中发现，一个好的管理软件的应用将至少提升律所管理80%的效率。这也是"智慧律所"项目将律师管理软件作为重要模块的原因。

智慧律所采用的是由上海必智软件有限公司开发的律师e通软件，该软件运用大数据、云计算、人工智能等技术协助律所完成信息化建设，以提高律师的办案效率、协同效率，完善律所风险管理、业务管理、品牌建设，最终提升律所的整体效益。

（四）滴慧商学智能直播系统

人才在任何时候都有着极其重要的意义，这几乎是所有律所管理者的共识。但我们需要注意的是，"外来的和尚好念经"这样的现象在律所也非常常见，很多律所管理者只注重了人才引进，却忽略了人才培养。研究表明，几乎所有的中小律所没有完善的人才培养计划和机制，看似省了很多时间和精力，实则律师的素养长期得不到提高，律师流失率偏高大大增加了律所的隐形管理成本。因此，"智慧律所"项目同时也推出了完备的人才培养计划——滴慧商学智能直播系统。

滴慧商学的智能直播技术凭借自身先进的第四代互联网直播技术及遍布全国的共享教室，通过贾康、陈有西、朱树英、路长全等大咖的课程，目前已累计惠及学员 5 万余名，培养了大量优秀的律师，获得了国内外的机构、专家学者的广泛赞誉。

"智慧律所"项目将实现对中小律所的全方位、系统化打造。截至目前，已有近 200 家分院投入到了"智慧律所"项目的建设中，未来，"智慧律所"项目将借助人工智能最终实现把律师从研读判例、资料收集、尽职调查等工作中解放出来，减轻律师的工作量，让律师把时间用在真正有意义的工作上，在实现律所跨越式发展的同时，推进我国法制化进程。

二、人工智能在法律领域应用的障碍

应该说，目前所有行业基于人工智能的研究都尚处于初探阶段，而在初步探索期遇到的障碍也是相当明显的。

首先是技术障碍。

人工智能系统在解决法律问题时至少有两个技术障碍需要解决：一个是自然语言处理的能力，另一个是法律人积累的经验、思维方式如何被转化为算法。

实际上，这两个技术障碍并不是人工智能进入法律行业所独有的，而是人工智能在渗透每个专业领域时几乎都会遇到的问题，只不过在处理法律问题时这两个障碍会尤为突出。

对于第一个技术障碍，人工智能需要借助自然语言处理技术来理解现实中当事人提出的各种问题并给出基于自然语言的答案，而不只是检索的若干结果。在遇到法律问题时，我们的需求会远不止"请帮我找到宪法第 X 条"

这么简单，问题本身就会异常复杂。很多时候律师在第一次会见当事人时会花费大量的时间在搞清楚问题是什么上，而这对于人工智能来说理解复杂问题会更加得困难。

对于第二个障碍，法律人向来对自己所谓的"像法律人一样思考"颇为自豪。对于人工智能来说，真正困难的工作可能在于大量现实中的法律问题并不存在标准答案，对于法律问题的解答需要权衡利益、人情、机会等各方面的因素，需要具有真正理解现实社会的能力，这对经验丰富的律师来说都未必是简单的工作。

国内知名大律师陈有西在滴慧商学讲课时也曾提到这个问题，他认为法律是千变万化的，虽然我们国家司法考试，有多项选择、单项选择，很多题目都是有标准答案的，但是在实际司法实践当中，没有一个法律的结论是只有一个答案的，会有无数种答案。我们可以用这个思路起诉，也可以用那个思路起诉；可以用这个思路来答辩，也可以用那个思路来答辩，所以法律是没有确定性的，这是一种主观能动性。而人工智能如何实现这种主观能动性则是问题所在。

其次是数据障碍。

在湖畔大学三板斧发布的一篇名为《为什么90%以上都是"伪"人工智能？》的文章里，提到这么一个观点：做人工智能最重要的，不是技术。

那么最重要的是什么呢？是数据。

文章指出，如果把人工智能的技术比喻成一把刀的话，那么大量海量且实时更新的数据，就是那把刀的磨刀石。

也就意味着，人工智能技术重要但不是最重要的。这把刀一开始有多锋利，不是一成不变的。一把锋利的刀一直不磨，而一把不太锋利的刀一直在磨，那很快那把不锋利的刀就会超过那把锋利的刀。

以人工智能在法律领域的应用为例。

有这样的一个事实，人工智能在司法系统的应用要远优于在律所的应用。虽说这有体制、政策因素在里面，但不可否认司法系统的数据库建设要远优于律所。

在"人工智能＋法律"暨全国智慧律所与智慧法院对接落地峰会上，北京华宇元典信息服务有限公司总监吕江涛也提道，人工智能在法律领域的应用就是让机器具备法律知识，并能从海量的数据中挖掘出需要的数据。

智慧法院无疑是人工智能在法律领域应用的一个成果体现，但从传统法院到智慧法院的过程其实是一个把信息化变成知识化，把知识化变成智能化的过程，这个过程难以逾越。目前，智慧律所虽已取得了初步成果，但仍处在从信息化向知识化迈进的过程中，真正实现智能化还需要时间。

人工智能在数据建设相当完备的司法系统中的应用尚处在第一阶段，那么在律所中的应用将更加任重道远。

【延伸阅读】

未来真的来了！人工智能已深入法律实务的方方面面

通常，法律被认为是专业性和个性化极强的领域，并非能被人工智能所取代，而事实上，不论在律所还是法院，人工智能已经被逐渐运用到法律实务的方方面面。我们将法律工作进行拆解就会发现，许多细分任务是并不需要创造力、同理心和判断力就可以完成的。

律所的人工智能化从简单的基础性工作开始，原本大量由律师助理或实习生完成的工作移交给人工智能后，效率和准确度会大大提高而边际成本趋于零。

如简单合同处理。2015年9月，一家总部位于英国的国际律师事务所，开发出了英国首个"合同机器人"，可以在数秒之内完成原来由专业律师团队几个月才能完成的法律工作，效率远远高于此前处理这类事项的初级律师和律师助理。目前，该律师事务所已经将这一技术应用到了它在英国最大的业务领域——房地产领域，这一领域有大量适合运用人工智能来解决的重复性工作。

又如法律问题检索咨询。2015年，一家全美排名前100的律师事务所宣布，他们开通了一个数据中心，公司客户可以通过它迅速地查阅所要了解的信息，而不再需要咨询律师。这个数据中心致力于创造"特定法律领域内逼真的法律检索方式"。具体来说，是在"决策树"技术的支持下，向用户提出问题，并且根据用户的回答提出后续问题，一步步锁定用户面临的真正问题并且给出答案。这样的思维方式和推理过程，和客户打电话咨询律师的分析思路完全一致。

相比法官审判，人工智能裁判案件可能更能带来法律的公正性。美国最高法院大法官霍姆斯曾说："法律的生命不在于逻辑，而在于经验。"理解法律的最好办法就是去实践它。而学习经验，正是人工智能的长处。

与人类需要面对腐败的诱惑、民意的左右和媒体的干扰不同，人工智能裁判案件仅仅是根据程序中学习过的案例和法条做出裁判，少了"人情世故"的干预，更能准确断案，实现"同案同判"。

最高人民法院司法改革办公室规划处处长何帆曾表示，中国法院一直在努力地把人工智能引入办案系统，如已经投入试运行的上海刑事案件智能辅助办案系统"206工程"，在对上海几万份刑事案件的卷宗、文书数据进行学习后，已经具备了初步的证据信息抓取、校验和逻辑分析能力。

"206工程"并不是唯一投入使用的司法人工智能系统。2016年底，北京法院智能研判系统"睿法官"正式上线，该系统主要针对"法官办案的核心需求，通过智能机器学习、多维度数据支持、全流程数据服务，为案情'画像'，为法官判案提供统一、全面的审理支持"。

根据伦敦学院大学新闻网的报道，在英国研究的人工智能机器人已可实现79%的判决准确度。工作不分昼夜，缓解了"案多人少"的矛盾。

自2015年5月实行立案登记制以来，我国法院案件数量就一直呈递增状态，特别是进行了法官员额制改革后，全国近21万名法官只有约12万名法官进入员额制，近四成法官落选。今后，法官个人审结案件压力将会更大。

在2017年7月31日召开的最高人民法院新闻发布会上，公布了上半年全国法院审判执行工作整体态势："2017年上半年，全国法院共受理案件1458.6万件，结案888.7万件，结案率60.9%。与2016年上半年相比，全国法院受理案件数量上升11.2%，其中新收案件上升14.8%，结案上升9.88%，未结案件上升13.54%。全国共计约12万名员额法官，人均受理案件121.4件，人均审结案件74件。"

而机器与人相比的最大优势就是不知疲倦，可以不分昼夜地工作。法院系统引进人工智能的初衷也正是为了解决目前"案多人少"矛盾的局面。

虽然人工智能的研发需要投入大量的人力财力，但一旦研发成功，其推广的成本几乎为零，而今后大量的法律辅助类工作都将直接被人工智能代替，尤其是高重复类的手工操作，如数据文书录入、证据识别，等等，节省下的人工成本可让研发成本忽略不计。人工智能的辅助办案系统在全国推广使用指日可待。

第三节　中国成长型律所面临的挑战和机遇

一、律师的执业环境

截至2017年底，我国的执业律师已达到34万人，基本保持每年2万的增速，但相对于全国13亿人口的总数来说，数量是远远不够的，我国律师队伍数量的发展有着很大空间。同时截至2016年，全国律师事务所达2.4万多家，与4年前相比增幅20%。我国律师工作服务能力显著增强，影响力显著提升。

未来市场规模的增长主要来自对中小企业法律服务需求的挖掘。可以看出目前的法律服务水平无论是数量还是质量都不能满足广大人民的需求。整体法律服务水平，还无法适应社会经济的迅猛发展。

不得不说，律师队伍是落实依法治国基本方略、建设社会主义法治国家的重要力量，是社会主义法治工作队伍的重要组成部分，律师参政议政的主要形式是担任人大代表和政协委员。

近年来，律师作为"法律职业共同体"的一员，参政议政的热情日益高涨。

我们来看一组数据：

第十届人大会议中，人大代表中有律师8名，4名律师当选政协委员。

第十一届人大会议中，人大代表中有律师11名，11名律师当选律师政协委员。

第十二届人大会议中，人大代表中有律师15名，12名律师当选律师政协委员。

第十三届人大会议中，人大代表中有律师22名，17名律师当选政协委员。

提案、议案、建议等其实恰恰是法律人的专业素养、职业情操及行业精神的一个体现，律师参政议政人数的增多意味着更多国内法治环境的改变，也意味着律师将更具话语权，更能运用法治思维和法治方式提出问题、分析问题、解决问题。在参政议政的过程中，律师通过发挥自身的专业优势，可以在法治政府、法治社会的建设中发挥更大的力量。同时也从侧面反映了我国律师社会地位逐渐提升，法治发展渐趋理性与成熟。这不仅符合社会发展规律，还是中国法治社会进步的必然结果和体现。

律师参政议政具有自身职业优势：熟悉现行法律规定的专业优势、相对客观处理法律事务的职业优势、立足经济社会生活的实践优势。律师应发挥来自人民、植根人民的特点，联系基层代表委员或人民群众，听取、了解其意见和诉求，根据自身工作以及联系基层所了解到的情况准备议案、书面建议或提案，努力做到民有所呼、我有所应。

律师能够参政议政是时代发展的必然，是时代的召唤。全国人大代表、政协委员，凝聚着各界的信任和期待，是一种力量，也是一份责任。新一届全国人大代表和全国政协委员将如何履职尽责、参政议政将成为外界关注的焦点。新时代，新发展，平台更广，责任更重。相信律师代表委员们定能肩负起责任和使命，始终坚持党的领导、人民当家作主、依法治国有机统一，不忘初心、牢记使命、凝心聚力、忠诚履职，不断提升律师行业的政治影响力和社会认同度，充分发挥律师在全面依法治国中的重要作用，为全面依法治国、建设社会主义法治国家贡献力量。

【延伸阅读】

2017 年中国十大律师新闻

一、唯一律师党代表薛济民走进十九大

作为律师制度恢复后最早的一批执业律师，薛济民见证了律师行业的发展。党的十八大以来，随着全面依法治国进程的不断推进，遇事"找法律"的观念深入人心。法律援助范围不断扩大、无律师县"清零"、试点刑事案件律师辩护全覆盖、律师的执业权利得到保障，这些变化让整个律师行业备受鼓舞，律师行业迎来了春天。

担任江苏省律师协会会长后，薛济民将主要精力放在律师协会的工作上，保障律师执业权利、推动"苏南苏北"律师资源对接与合作、为青年律师成长营造良好的政策与环境。近年来，江苏律师队伍不断壮大，群众满意度持续上升，律师人数、律师事务所数量同"十二五"末相比分别增长了 44.7%和 36.5%。

一个合格的律师，应该把坚持正确的政治方向，维护司法公正、社会公平和稳定，促进经济繁荣作为自己的职责。对薛济民而言，成为司法行政系统党的十九大代表中唯一的律师，既是一种引以为豪的荣誉，又意味着增添了一份不可推卸的责任。

二、全国律协成立"维护律师执业权利中心""投诉受理查处中心"

全国律师协会"维护律师执业权利中心"和"投诉受理查处中心"3 月24 日在京揭牌，专门处理律师的维权申请，以及当事人对律师的投诉。这意味着，律师今后在执业过程中，自身权益遭侵害将受到专门保护；而律师若有违反执业纪律的情形，当事人可直接投诉。

三、张军当选司法部部长，为律师界带来新气象

2017 年 2 月 23 日，十二届全国人大常委会第二十六次会议经表决，决定任命张军为司法部部长。

3 月 12 日，新任司法部部长张军在经过人民大会堂"部长通道"接受媒体采访时说，律师是法官、检察官和警察的朋友，律师以自己的执业，提供了来自社会的监督，促进了社会公正。

四、刑辩律师全覆盖

2017 年 4 月 26 日上午，司法部举行有史以来第一次新闻发布会，主题为"保障律师执业权利"。司法部副部长熊选国公开表示，刑辩律师对于推

动司法公正、落实以审判为中心的刑事诉讼制度改革起到了重要作用，提出了"推动实现律师刑辩全覆盖"这一建设性观点。

五、翟建、杨金柱互诉诽谤案引发律师职业伦理大讨论

2015年2月25日，翟建诉杨金柱犯诽谤罪；2015年5月14日，杨金柱反诉翟建犯诽谤罪。2017年8月18日，湖南省长沙市岳麓区人民法院做出一审判决，判决杨金柱、翟建无罪。

这是自洪道德教授与陈光武律师、邱兴隆教授与喻国强律师、杨金柱律师与王少光律师之后，第四起法律人之间动用刑事自诉手段解决论争的事件。随着刑事自诉这一手段的介入，律师同行间的论争变为了一种杀伐。

刑辩律师天然是私权利的代表，面对强大的公权力，必须有刑辩律师这种力量的对抗，才能达到某种平衡。律师之间，也难免出现纷争、对抗。

有人的地方就有恩怨，有恩怨的地方就有江湖。以上两案，除了有一些江湖义气在里面，更多的，律师职业伦理、执业理念、辩护观念之间的交锋才是问题所在。

六、新一轮律师法修订启动

律师是我国法治建设的重要力量，律师制度是我国民主政治制度的重要组成部分。自从1980年律师暂行条例公布律师制度恢复以来，律师法共经历了四次修改。有关律师权利的保障越来越成为社会热点，律师协会的建设越来越成行业难点，律师事务所的发展成为职业痛点。

2017年6月24日，"律师法修改与律师行业管理高端研讨会"在北京举行。与会者围绕当前我国律师制度、律师法修改的体例与内容、律师管理体制、律师协会的定位和职能作用、律师执业水平评价等内容进行了深入而专业的探讨。

七、中国律师论坛恢复举办

2017年3月24日，全国律师协会召开2017年首次新闻发布会。会上，全国律协根据工作实际，制定了"中华全国律师协会新闻发布制度"。

8月24日，在全国律协2017年度第二次新闻发布会上，全国律协宣布启动第十届中国律师论坛的筹备工作。

八、浩天安理律师事务所成立，律所呈现规模化发展趋势

2017年11月16日，北京浩天信和律师事务所、北京安理律师事务所与广东东方昆仑律师事务所合并为北京浩天安理律师事务所。2017年12月12

日，北京瀛和律师机构举办"瀛和百所"庆典，迎来了瀛和的第 100 家律师事务所。

近年来，律所规模化发展备受瞩目。国内律师事务所之间究竟为何选择合并而非独立发展？

经过多年的发展，中国法律服务市场刚开始走向成熟，目前，中国律师事务所的现状其实相当于 20 世纪 70 年代美国律师事务所的发展水平，也就是刚刚开始面对国内多样化的客户需求、法律服务市场的复杂情况以及初步的国际市场的冲击，专业化、规模化需求刚刚凸显。国内律师事务所的合并有的是为了进一步整合资源，有的是为了调整业务方向，有的则是从长远竞争出发进行的战略性准备。

九、"互联网律师事务所"成立，律师服务探索新模式

最近几年来，律所创新成了业界热议的话题。许多律师事务所在创新转型过程中取得了快速的发展。

近年来，技术因素进入法律事务领域的大门已经逐步开启，基于大数据的数据库、数据处理过程，基于应用软件的开发及使用，将极大地缩减律师处理基础性法律事务的时间和精力，从而更好地保障律师的法律服务水准。在不久的未来，专业化小所将成为法律服务市场的主体，未来的律所将是"信息与资源汇聚的平台"。而作为一个非常有活力的群体，律所的创新永远不会停止。

十、多名律师英年早逝，律师健康问题引关注

有数据显示：在 2231 个投票律师中，84% 的律师工作超过 8 个小时；有 18% 的律师甚至每天工作超过 12 个小时；88% 的律师周末需要加班，有约 10% 的律师周末加班超过 12 个小时，工作量巨大；近 80% 的律师很少花时间在锻炼身体上，其中 24% 的律师几乎没时间锻炼；34% 的律师对锻炼并不热衷，就算有时间，也只想好好休息一下；只有 21% 的律师会为了劳逸结合而每天尽量抽出时间去锻炼。

律师，原本只是一个普通的职业，不知何时起，已经俨然成为一种威胁生命健康的行业。律师的牺牲往往是日积月累形成的，平常看不见摸不着，加班、熬夜、应酬、拖着疲惫的身躯办案，都是律师行业的杀手，病情一旦爆发，十分危险，甚至没有抢救的余地。

二、成长型律所面临的挑战

（一）展业难

截止到 2017 年末，国内人口数量近 14 亿，中小企业 7000 多万家，虽然律师数量也以每年 2 万的增速达到了 34 万，但从国外发展的经验来看，现有的律师远远无法满足个人和企业对于法律服务的大量需求。

在这种现状下，很多律师，尤其是一些执业多年的老律师却反映，展业越来越难了，以往不用做营销推广，案子也一个接一个，如今却是另一番景象。

不得不承认，这是互联网的发展给律师行业带来的冲击。人们选择律师已由熟人推荐转为网络搜索对比。同时互联网的发展也在逐渐消除律师与当事人双方的信息不对称性，律师可以很明显地感受到传统的政府、官场资源在慢慢消失，人脉模式正被极速稀释，消费者变得越来越专业，传统的宣传方式越来越看不到效果。

十年前、二十年前，人们在讨论互联网的时候，远远想不到互联网能带来如此大的改变。那么同样的，在人工智能发展的初期，也无法想象它会带来怎样的发展和改变。但可以预测的是，如果跟不上人工智能的趋势，律所会像被互联网抛弃一样，被人工智能抛弃。

（二）收费难

企业法律顾问一般有两种，即常年法律顾问和专项法律顾问。常年法律顾问与企业签订法律顾问协议，在协议约定期限内（通常是 1 年或 1 年以上）处理该企业所有的法律事务，这类法律顾问服务范围广、时间长，故称为常年法律顾问，法律顾问关系随协议期满而结束，如果继续聘用，需要重新签订协议。专项法律顾问受企业聘用专门处理某一项法律事务，法律顾问关系待该项法律事项办理结束而结束，一般不受时间限制，故又称临时法律顾问或者短期法律顾问。

我们可以看到，随着法治中国的不断推进，随着中国经济的不断发展，随着市场经济的不断完善，企业的法律纠纷呈逐年上升趋势，纠纷的增多也让企业家们不得不直接面对经营过程中可能出现的风险。

如今企业大多聘请常年法律顾问，因其能在企业的生产、经营、管理和其他活动方面提供全方位的法律帮助。同时，我们也发现，法律顾问已经成为做大做强的企业的标配。

不可否认的是，企业法律顾问的从无到有，对企业来讲，是经营成本的增多，而企业家的本能就是尽可能地控制和削减成本。在律师和企业家的相互博弈之中，价格战越来越激烈，最终，事多钱少成了企业聘请法律顾问的传统观念。

对于律师而言，钱少自然投入的精力也会有所减少，因此大部分律师为企业提供的法律顾问服务是模板化的，并没有深入到企业管理内部。这导致律师提供的法律顾问服务其实并不能真正意义上帮助企业渡过难关，解决问题。加之整体经济环境不景气，最终导致了律所面临收费难的困境。

（三）续费难

大多数企业都聘请了常年法律顾问，尤其是一些大企业，但多数企业只把律师定位在讨债和打官司即诉讼方面，甚至在签订合同的时候都忽略了法律顾问的作用，其实，除了诉讼以外，一名优秀律师能为企业做的事情还是很多的，而且对企业来说还是非常重要的。

具体而言，法律顾问为公司企业服务的方式有很多，比如：对企业的重大经营决策方案提供法律意见和法律依据，从法律的角度提出可行性论证，从而避免企业经营上的法律风险；草拟、修改、审查公司企业的各种合同、协议及其他有关法律事务文书；针对某些侵害企业合法权益的事件发表律师声明，或针对性地发出律师函；代理企业参加民事、经济、行政诉讼、仲裁和行政复议，切实保护企业的合法权益；参与企业的非诉法律事务；参加企业的经济项目谈判，审查或准备谈判所需要的各类法律文件；在企业内部进行力所能及的法制教育和法律培训；配合企业人力资源部门做好劳动人事工作，草拟、审查劳动合同、保密协议，进行辞退设计，等等。

律师能为企业提供的法律服务如此之多，为什么还会出现续费难的困境呢？原因有以下三点：

1. 传统法律服务低价低频

笔者在为企业普及法律顾问服务的重要性时发现，其实作为经营企业的管理者，企业家们比律师更加了解规避风险对企业的重要性。其中一些也尝试过为公司配备法律顾问，但传统的低价低频的法律服务并不能从根本上帮助企业解决太多法律问题。

2. 传统的法律服务对企业而言并非刚需

同时，企业家其实并不了解律师在企业经营过程中的作用，在企业没有遇到诉讼之前，他们很少想到律师这个角色，一定程度上来说，法律服务对于企业而言并非刚需。

3. 律所或律师为企业提供的法律服务缺乏设计和创新

在律所和律师这一方面，低价的法律顾问服务以及对企业不了解，造成服务缺乏设计和创新。

以上就是造成律所法律顾问服务续费难的主要原因。

（四）留人难

律师这个职业，无论是观察分析法律服务市场、研究法律服务产品，还是开拓客户、提供法律服务，都需要人来完成。毋庸置疑，律师事务所是典型的知识密集型组织。作为典型的智力工作者，律师当然是律师事务所的核心竞争力。因此，人是律师事务所最大的资本。律师作为律师事务所提供法律服务产品的主力，自然也是律师事务所最宝贵的资源。作为律师事务所的核心资源，如何吸引人才，如何吸引优秀律师，当然是律师事务所管理层最伤神但又不得不考虑的头等大事。

归根结底，律师事务所之间的竞争从根本上看还是人才的竞争。而如何为律所留住优秀人才是律所主任们最为头疼，也最为关心的事。

从律所本身来看，团队成员同质化严重，大多数中小所在新进律师的培养管理上投入的人力、物力都不够，也没有整体的人力资源规划。

我们可以看到展示品牌、彰显实力、高薪承诺、职业规划、系统培训是国内大所名所强所吸引人才的招牌动作；整体统筹、精心规划、定点"挖角儿"在这些大所名所强所也不再鲜见。与此形成强烈对比的另外一副场景是，大多数中小型律师事务所在人才引进问题上，不论是意识还是行动、不论是策略还是实力，均远远落后于这些大所名所强所。

同时，律师事务所的很多管理相对老套，对新兴事物的接纳度不够，造成无法与一些年轻律师同频，最终导致人才的流失。

（五）管理难

在笔者看来，目前情况下，律师事务所管理的难点主要体现在以下三个方面：

1. 提成制导致律师没有黏性

从薪酬分配制度看，提成制以各自业绩提成为主要分配机制，每个人的业绩与分配所得息息相关，而办公成本需厘定清楚并分摊到人，早期，提成制因能激发每个律师的积极性而广受推崇，而且分配方式简单，并且相对公平。

但在经过多年发展之后，提成制的潜力被挖掘得差不多了，其过分突出个人造成的律所合作困难、凝聚力不够、各自为政的弊端日益明显，律师与事务所之间更是缺乏应有的黏性。

2. 各自为战，缺乏同族认知

这一管理难点，究其根源，还在于律所的管理模式，之所以将这一原因单列出来，是因为这一难点对律所发展的影响非常之大。

由于律所独特的提成制度，各自的案源往往由各自承办，利益的难以分配导致案件无法交由专业的团队或专业的律师办理，很难实现律所业务的专业化和团队化。

而律所的专业化必然是律所未来的发展趋势之一，律所唯有解决人员各自为战、缺乏同族认知的劣势，才能实现更广阔的发展。

3. 缺少有效的管理工具和手段

绝大多数的中小律所是没有自己的管理工具和手段的，那么自然无论是案件的管理还是文件的管理，都会混乱且容易出现冲突。

律所引进管理工具和手段不仅需要增加律所成本，还需要耗费时间和精力，很多律所管理者对此不屑一顾，认为没有必要，但其实不然。冲突检索、财务管理、行政审批等事项都会用到管理工具。

在没有运用管理工具对案件进行管理的时候，案件基本上是处于失控状态的，只有靠口头或者邮件反复确认沟通才能保持对案件情况的把控；对于合办案件的律师来说，需要花很多时间沟通彼此的工作情况，保证对案件进展信息的实时更新，避免出现对外不一致的情况；案件多了以后，就会出现案件进度不可控、质量不可控、律师协作成本大等问题，将严重影响律所的发展；很多律所发展的瓶颈并非案源营销，而是没办法再消化更多的案件，案件质量无法有效地把控。

因此，在管理上，律所管理者应当根据律所实际情况，选取适合自己的管理工具和手段，以最大限度地提高律所成员的工作效率。

（六）产品难

从营销学角度来看，产品是指向市场提供的，能够引起消费者注意、获取、使用或者消费的，能满足其欲望或需要的物品、服务或它们的组合。我们知道"产品"分为有形产品与无形产品。那么，服务无疑属于无形产品，其本质决定其具有无形性和过程性的特点。就律师而言，其本质也是通过其专业技术来实现服务的，所以律师的服务也具有无形性和过程性的特征。

所谓法律服务产品化是指，通过对客户需求进行分析，对法律服务市场进行细分，以客户需求为出发点，通过模块化、流程化、可视化的方式，对律师专业服务进行产品化设计，以顺应当今法律服务市场的需求及发展。此外，我们也应该将"客户体验"贯穿于法律服务产品的设计、营销、使用、更新的各个环节。

很多律师甚至是很多中小律所管理者其实是没有产品这个概念的。而大多数律所唯一的产品就是企业的法律顾问服务，这种产品同质化日趋严重，市场竞争力严重不足，难以帮助律所实现突破。

一个好的法律服务产品有以下特征：专业化、可复制性、流程化、模块化、可视化、"以客户需求"为出发点、围绕"客户体验"。

但中小律所的现状导致其产品创新能力不足。没有市场竞争意识，也没有专门的研发团队，这为律所研发法律服务产品设置了重重障碍。

（七）非讼难

在如今互联网和人工智能的时代，诉讼业务趋于饱和已经是大部分法律人的共识。更多的法律人已经开始将目光转向非讼市场，但如何进入非讼领域，如何占领非讼市场，是法律人最为关心的问题。

从市场情况来看，大型律所近些年来攻城略地，占领了绝大部分的非讼市场，而中小企业的非讼市场基本被集体放弃。

从律所本身来看，中小律所缺乏跨界融合服务意识和能力，导致律师无法进入企业市场，而企业对法律服务的需求也无法得到满足。

（八）品牌难

"品牌是一种名称、术语、标记、符号或图案，或是它们的相互组合，用以识别某个消费者或某群消费者的产品或服务，并使之与竞争对手的产品或服务相区别。"科特勒这样定义品牌。

律所进行品牌建设的原因有两个：一是可以提高转换率，良好的品牌可以使律所在竞争日益激烈的市场环境中以一个完整、特有的形象来满足各式日益挑剔的顾客，从而在客源入流之后全面地更好地把握客户；二是可以提高溢价率，良好的品牌可以帮助律所比同等条件和级别的非品牌化律所获取更高的溢价收益。

但在大多数中小律所的观念里，品牌建设是一大难题。

这一方面是因为目前全球性、全国性的竞争异常激烈，建立自己的品牌需要投入大量的人力、物力；另一方面是因为大部分律所管理者多出自法律专业，在品牌建设领域并不擅长，不会经营新兴消费者，不懂社群经济、粉丝经济。

（九）软件难

90%以上的律所没有自己的管理软件，这与律所管理者本身的观念有关。但人员少、规模小、软件费用较高也是造成这一状况的重要原因之一。

随着法律行业的快速发展，大量中小规模律师事务所进入了发展的快车道。"互联网+"时代的到来给法律服务这样一个变化相对较为缓慢的行业，带来了很大的冲击和挑战。

律所如何借助时代的趋势实现弯道超车，最重要的就是要学会运用先进的手段来提升律所的办事效率。管理软件无疑是先进手段中的一种，笔者在调查中发现，一个好的管理软件的应用将至少提升律所80%的效率。

（十）传承难

合伙制的律所，发展到一定阶段后，则需要考虑律所的传承问题。因为对于大多数中小律所来说，律所主任往往就决定了律所的文化、宗旨、办案理念，等等。

我们从中国律师的现状和发展说起，1979年到1995年是中国律师制度恢复到律师法出台的时期，也是中国律师制度恢复建立的时期。而在1995年以后，中国全面发展个人合伙律师事务所，是律师制度的大发展时期。

那么，从1995年到现在，随着律所现任管理者年龄的增大，越来越多的律所开始面临传承的问题，并且律所传承对律所的发展尤为重要。

笔者在常年与律所打交道的过程中，发现部分律所的传承以家族成员为主，这就导致了社会资本和社会资源无法有效进入，最终阻碍了律所的实际发展。

以上是律所在发展过程中面临的问题，那么在如今互联网和人工智能的新形势下，如何借助外力帮助律所跳出这些问题，实现弯道超车式的发展，则是律所管理者最应该考虑的问题。

三、成长型律所面临的机遇

目前国内律师人数已经突破34万，律师事务所也达到了2.8万家之多，排除国内几家上千人的大所，平均一个律所仅有10余人。很多律师在创办律所之初都希望能通过律所实践自己的想法，但理想很丰满，现实很骨感。在调研中，笔者发现中小成长型律所在经过一段时间的发展后，往往会进入瓶颈期，大部分中小律所会在瓶颈期面临发展停滞、分裂的局面，这就导致了中小律所很难形成规模效应和品牌效应。尤其在大所的压榨之下，很多中小律所都萌生了退意。但我们恰恰需要关注这些律所，因为未来人工智能技术的应用会为律所解决包含法律咨询、尽职调查、搜索法条等在内的简单重复性事务，这将给中小律所带来前所未有的机会。在新技术的驱动下，未来中小律所通过技术创新实现弯道超车，与大所媲美也大有可能。

实际上，人工智能同时改变了法律服务的供应与需求。通过降低法律检索、尽职调查、文件审阅、合同起草的劳动成本，律师事务所提高了工作效率，在按时收费制下，这意味着律师费用的降低。由于法律成本是内生性的，这反过来增加了客户对法律服务的需求。并且，在人工智能冲击下，大型律师事务所的规模优势不再像以前那么明显。传统上依赖大量律师助理，因而不得不在大型律所开展的项目，有可能被转移到小型律所。这或许算作人工智能把大量程式化服务从小型律所夺走后给予的补偿。更重要的是，这种市场民主化的趋势，给年轻律师提供了更多的机会，使他们不再汲汲于大型律所，而可能凭借创新服务，发现法律服务的利基市场。如此，人工智能不仅增强了法律服务职业的灵活性，还能吸引更多的法律人投身其中。

"假舆马者，非利足也，而致千里；假舟楫者，非能水也，而绝江河。君子生非异也，善假于物也。"这段荀子在两千年前写下的话对于我们今天思考人工智能的意义也仍有启发。

人类的经验、能力和知识水平毕竟是有限的，即使是受过专业训练，积累了丰富经验的律师，也必须承认自身的颇多不足。但是，从文字书写，到电子化办公软件，再到大数据和人工智能，在借助所有可能的工具提供更好的法律服务上，法律人一直在路上。

【延伸阅读】

顺势而为，乘势而上

—— "智慧律所百城千创工程"燃爆杭州

人工智能时代到来，共享经济崛起，传统的法律服务模式的改革创新成为律师界热议的话题。2017 年 10 月 24—25 日由北京大学法商金融课题组进行学术指导的"智慧律所百城千创工程"走进杭州，在众多业界专家与律所主任的共同参与下圆满举行。如图 1-3-1，各路大咖论道，共话智慧律所建设之路。

图 1-3-1　各路大咖论道，共话智慧律所建设之路

　　"智慧律所百城千创工程"本期杭州站特别邀请了北京大学法商金融课题组主任高度强、"法蝉"创始人张智鑫、"牛法网"负责人沈楠等业内专家与与会的律所主任一道，就"共享经济及人工智能背景下法律服务标准化、专业化、流程化体系及智慧律所建设"这一主题展开了充分而热切的讨论。

　　作为中国法商行业领军者、智慧律所建设倡导者，高度强老师十余年来一直致力于法律服务的互联网化、品牌化和规模化运营。如图 1-3-2，会上，高度强以"想触摸未来，先感知当下——中国成长型律所生存调查"为主题进行了精彩的主题分享，资金不足、人力独立、管理分散等问题的提出让众多参会主任深感认同。

图 1-3-2　北大法商金融课题组主任高度强

　　高度强认为，智慧律所建设将是未来律所发展的一大趋势，人工智能的引入将帮助律师迅速获得更强的信息整合、分析、判断能力，能利用更多的时间、精力去钻研、深挖、细分服务领域。分享中，高度强以滴律联（全球商事律所联盟）为例对当下智慧律所建设的成果给予了高度评价，滴律联强大的品牌支撑、完善的技术支持、成熟的运营理念引起了与会主任的高度关注。

　　互联网改变了传统客户对接律师的模式，使法律服务更加便捷高效。但牛法网负责人沈楠（如图1-3-3）认为如今的"互联网＋法律"仍处于一个瓶颈期，需要更好的创新。近年来，随着人工智能基础技术的逐渐成熟，AI技术在法律领域的应用越来越突显。"互联网＋法律"正向"人工智能＋法律"的方向发展，整个法律市场会有一个全新的、高效的、专业的境况出现。

图1-3-3　牛法网负责人沈楠

　　作为律所智能化时代开启标志的法律机器人也在本次论坛中惊艳亮相，如图1-3-4。此款法律机器人是"智慧律所"建设的一部分，是法律与人工智能的强大融合，它的服务涵盖了法律咨询、企业专项法律服务"两大服务系统"，涉及刑法、行政法、劳动法、侵权法、婚姻法、交通事故、房地产纠纷、合同纠纷等几十个专业领域。

图1-3-4　法律机器人

研讨会上法律机器人展示了其强大的咨询功能，如一步步引导当事人了解法律问题处理流程，帮助检索法律文件或合同模板，对案情要素对比进行结果预测等，其超强的专业性与使用的便捷性让到场的每位嘉宾都赞叹不已。法律机器人现场还展示了舞蹈等功能，现场的每一位嘉宾、主任，纷纷感叹人工智能冲击传统法律服务业的时代真的已经来临。

第四节　律师服务探索新模式——互联网律师事务所成立

一、互联网律师事务所的简介

随着人民生活水平的提升，广大人民群众对美好生活的向往有了更高追求，不仅有物质文化的需求，还有获得被尊重感、安全感、归属感、成就感等精神心理需求和政治诉求，社会各界对更高水平法律服务的需求可以说与日俱增。

但是，正如关于新时代我国社会主要矛盾转化的判断所言，人民群众日益增长的美好生活需要和不平衡不充分发展之间的矛盾在法律服务领域还十分突出。从实践看，全国法院每年审结的 850 多万件民事商事案件中，有律师代理的不到 200 万件，全国刑事案件律师辩护率不到 15%，律师作用的发挥还不充分；江苏省律师服务资源区域布局不合理，苏南苏北之间、城乡之间发展的差距较大，以全省主城区以外的 61 个县域为例，县域律师人数不足 50 人的有 19 个，律师万人占比低于万分之一的有 41 个，主要集中在苏北地区。这种不平衡不充分带来的问题体现在：一方面律师资源匮乏地区人民群众的基本法律服务需求无法得到有效满足；另一方面律师资源饱和地区出现了资源溢出和竞争加剧的局面。

2017 年 12 月 18 日，由江苏省司法厅、无锡市人民政府、法制日报社联合主办的首届"中国·无锡'智慧法务'发展大会"在无锡召开。会上江苏省司法厅律师管理处处长曹扬文发布了江苏探索"无人律所"，开展"互联网·律师事务所"服务等有关情况。这也是"互联网·律师事务所"试运行以来，首次正式在全国司法行政部门、媒体前公开亮相。

这是一家互联网律师事务所，拥有 38000 名律师，它的面积只有治安岗亭般大小，群众刷身份证便能进入这个相对私密的空间，在座椅上坐下，点击屏幕，6 秒钟就能选到自己心仪的律师，享受法律咨询、文书代写等服务。"互联网·律师事务所"可以投放至法院立案庭、法律援助中心、交通事故处理点以及居民小区等场所。除法律咨询外，当事人可以在线阅览律师草拟的法律文书，还可以在终端机上快速打印出来。由于律师资源得到有效利用，整体服务价格得以降低。

"互联网·律师事务所"是运用互联网、大数据、云计算等新型技术，针对律师资源配置不平衡不充分的问题，整合全省乃至更大范围内的律师资源，提供线上资源集聚和线下即时服务一体运行的自助服务系统。与传统律所服务相比，"互联网·律师事务所"资源集聚更广泛、服务的时空界限更模糊、更便于设点布局；"互联网·律师事务所"具有服务站点的实体化、服务内容的场景化、服务接入的大众化等特点，更容易被需要法律服务的群众接受。可以说，"互联网·律师事务所"兼具了传统律所和网络服务平台的优势，是律师服务模式的创新。

在"互联网·律师事务所"的屏幕中呈现的是律所服务场景的一个模拟图像，"互联网·律师事务所"通过内置的高清触摸终端机、身份证读卡器、摄像头、拾音器、音响设备、文件上传设备、打印设备等其他综合配套设备，可以实现线上线下服务的灵活切换和实时提供。

【延伸阅读】

"互联网 +"时代，律所发展大数据不得不面临的五大挑战

在大数据时代背景下，律师单打独斗、一个人在闭环系统下的业务运作模式将被彻底颠覆，互联网精神、技术革新、客户体验等因素将迫使法律行业重新洗牌。大数据给律师业带来了一种全新的思维模式：为客户提供专业服务、标准化的业务流程、分工协作的作业方式等。但目前律所大数据发展依然存在着诸多挑战。

一、业务部门没有清晰的大数据需求

律所业务部门不了解大数据和大数据的应用场景和价值，因此难以提出大数据的准确需求，这样一来律所决策层担心投入较多的成本而无法获利，在搭建大数据模型时犹豫不决，或者律所处于观望尝试的态度，这些都从根本上影响律所在大数据方向的发展。数据没有应用场景，很多有价值的历史数据被删除，导致律所数据资产的流失。

二、律所内部数据孤岛严重

律所启动大数据最重要的挑战是数据的碎片化。在很多律所中尤其是大型的律所，数据常常散落在不同部门，而且这些数据以不同格式存在于不同的文档中，这导致律所内部数据流转和应用无法打通，如果不打通这些数据，

大数据的价值则难以挖掘。大数据需要不同数据的关联和整合才能更好地发挥理解客户和业务的优势。只有消除数据孤岛，并且实现技术和工具共享，才能更好地发挥律所大数据的价值。

三、数据可用性低，数据质量差

大中型律所每时每刻都在产生大量的数据，而很多律所不重视大数据的预处理阶段，导致数据处理不规范。大数据预处理阶段需要抽取数据转化为方便处理的数据类型，并对数据进行选择和清洗，以提取有效的数据。而律所在最开始的数据上报阶段就存在很多不规范不合理的情况，导致律所的数据可用性差、数据质量差、数据不准确。

四、数据安全

网络化的生活使黑客分子更容易获取个人信息，在线数据越多，黑客犯罪的动机就越强烈，一些知名网站密码泄露、系统漏洞导致用户资料被盗、个人敏感信息泄露的事件时有发生，如何保证用户的信息安全成为大数据时代非常重要的课题，《中华人民共和国安全法》旨在保障网络数据的完整性、保密性和可用性，对律所而言则更应该多加关注网络数据的安全性。此外，大数据的不断增多对数据存储的物理安全性要求越来越高，从而对数据的多副本与容灾机制也提出了更高的要求，这对律所的数据安全无疑是较大的挑战。

五、数据开放与隐私的权衡

在大数据应用日益重要的今天，数据资源的开放共享已经成为在数据大战中保持优势的关键。商业数据和个人数据的共享应用，不仅能促进律所的发展，还能给律师的工作带来巨大的便利。政府、企业和行业的信息化系统建设往往缺少统一规划，系统之间缺乏统一的标准，导致众多"信息孤岛"形成，而且受行政垄断和商业利益所限，数据开放程度较低，这给数据利用造成了极大障碍。另外一个制约我国数据资源开放和共享的一个重要因素是政策法规不完善，大数据挖掘缺乏相应的立法，无法既保证共享又防止滥用。因此，建立一个良性发展的数据共享生态系统，是我国大数据发展需要迈过去的一道坎。同时，开放与隐私如何平衡，也是大数据开放过程中面临的最大难题，这也是律所在大数据时代面临的一个重大挑战。

在大数据和互联互通的互联网时代，单一律所的内部数据与整个互联网数据相比只是沧海一粟，外部数据的重要性日益凸显。随着数据逐渐成为律师事务所的一种资产，越早形成"数据供应链"的律师事务所将占据法律行业的半壁江山。

二、互联网律师事务所的基本服务功能

互联网律师事务所具备哪些基本的服务呢，具体可以从以下几个方面来看：

一是及时响应的远程视频法律咨询。系统后台进行实名化管理，用户通过身份信息识别或绑定实名认证的手机号，即可快捷登录。输入需要咨询的问题，系统即会按照"本地律师优先＋省内律师补充＋全国律师支撑"的服务供给机制，在平均 6 秒的时间内，匹配到后台的律师，并提供一对一、面对面的视频法律咨询服务。

二是方便快捷的在线律师服务。在视频沟通的过程中，律师可为用户提供法律文书起草、律师函发放等在线服务，用户可使用终端机快速上传书面资料，而律师在线草拟的文书等材料不仅可以在线阅览，还可以在终端机上快速打印，实现了文书服务的一站式输入输出。

三是灵活高效的线下服务对接。用户需要本地律师或特定地点的律师提供当面咨询、陪同谈判、案件委托等线下法律服务的，可以将服务需求发送至系统数据库进行匹配，符合要求的律师将主动联系客户提供线下服务。所有服务数据均在后台加密存储，律师服务流程有客服人员全程监督，用户也可对服务进行评价投诉，充分保障了用户的权益和服务质量。

互联网律师事务所建设为未来法律服务生态圈建设提供了无限的想象空间。除了实现服务资源的均衡配置外，"互联网·律师事务所"还可以通过对法律服务场景的重构，实现更多环境下的智慧服务，比如，可以在看守所提供网上律师值班服务、在法援中心提供异地法律援助服务等一系列个性化法律服务，可以全方位解决不同层次的法律服务需求。

三、法律服务业与互联网的融合

互联网律师事务所的出现无疑为律师行业带来了新的冲击与挑战。面对互联网来势汹汹的大潮，国内律所纷纷开始引导执业律师向互联网靠拢。

在互联网科技发达的当今社会，互联网具有及时提供最新信息的功能，而信息的及时性及更新的快速性对于律师行业而言极为重要。律师事务所的网络化建设就是利用先进的网络技术，综合开发、运用与律所有关的各种信息，发现与运用机会，使得律所的人员、薪酬、业务、资源、品牌、客户、质量、市场开发等一系列经管活动规范化、程序化、自动化，从而发现与掌握新信息，及时做出决策，促进工作效率的提高，提升律所核心竞争力。这也表明，在"互

联网＋"时代，互联网与法律服务相结合是顺应时代发展要求的。

自李克强总理在 2015 年 3 月 5 日十二届全国人大三次会议上的政府工作报告中首次提出"互联网＋"行动计划以来，金融、农业、保险等越来越多的行业都相继开拓"互联网＋"的市场，并且在各个领域都取得了超出预期的好成绩。而"互联网＋法律服务"的理念也在这一大好形势之下越来越火，而在市场为导向的社会发展进程中，其迅速"火"起来恰恰是市场需求点燃的。

据不完全统计，2012 年我国国内法律服务市场规模是 800 亿元，而 2014 年已高达 1400 亿元，这一增长势头并未减弱。也就是说按照数据显示的发展规律，2015 年以后，我国的国内法律服务市场规模将会继续扩大。除此之外，随着我国政治经济国际化程度越来越高，未来，我国的涉外法律服务市场也会逐步扩大。但是，我国传统的线下模式，存在供求信息不对称的严重缺陷。这就造成了现有法律服务资源无法被充分利用，法律服务的市场交易成本提高的后果。现在倡导的"互联网＋法律服务"模式就是把专业的法律服务作为线上产品展现在大众的视野里，这也就弥补了法律服务供求信息不对称的传统难题，同也可以最大限度地实现法律资源的优化配置。

互联网与法律服务的结合是时代发展的要求，网络科技的发展与我国法治建设的进程共同推进了"互联网＋法律服务"的结合共生。虽谈不上唇齿相依，但至少可以称得上是相得益彰。这种有机的需求配置推动了影响市场经济活力的债权流转产业的发展，为国家经济、个人、企业、律师带来了无限的可能与想象。

综上所述，无论是大势所趋还是自身的发展需要，律师行业都需要积极"触网"，积极拥抱互联网所带来的变化，探索最适合自身发展的模式，寻求更广阔的发展空间，为整个行业的发展积极实践。

【延伸阅读】

"互联网＋"时代，中小律所如何换道超车？

"互联网＋"时代的来临给中国的各行各业都带来了巨大的冲击，改变了人们的生活和工作的方式。同样，作为一个古老行业——律师业，也面临着互联网的冲击。那么，在互联网时代，作为成长型律师事务所，如何紧跟趋势，实现转型升级是其首先要解决的问题。

一、互联网对中小律所的冲击

互联网时代由于改变了信息不对称的局面，让法律服务的需求方可以通过多种方式来了解律所的综合实力和律师的专业能力、专业方向，因此互联网将这一切都透明后，会倒逼整个律师行业的分工更细致、更专业，会提高全行业的生产力。对律所和律师的评价由第三方专业机构来完成，而不是由现行的司法行政机关和协会来进行。目前全国已有多个具有远见卓识的机构在试图建立一个全国法律人搜索与评价体系，未来也必将会出现对律所进行评级的互联网机构。

互联网时代也可能改变律所的管理方式。目前，美国已经出现了没有办公场地，仅靠互联网提供内部管理支持的新型律师事务所。传统律师事务所随着人员的增加，成本会成倍上升，通过互联网可以实现大规模的律师合作方式，而几千人的联合网络平台的成本也远低于传统律师事务所模式。也许在不远的将来会出现这种结构成本低、更符合自由职业特点的互联网型律师事务所，或许可以解决律所发展的规模瓶颈问题。

二、中小律所如何应对"互联网＋"的新环境

第一，律所合伙人进行精神秩序的重建和统一价值观是律所发展的基石。为什么要开办一家律师事务所？要开办一家怎样的律师事务所？律师事务所到底要怎么开？这是涉及一家律所的价值观、使命和管理的最重要的三个问题。任何一家律所，如果不解决好这三个问题，或者不重视这三个问题，律所的发展必将受到制约。

对于"互联网＋"时代的来临，各律所的合伙人均应充分认识到这是个新契机，应对律所的现状进行一次深刻的自我剖析和体检。对律所存在的弊端和问题有清楚的认识，合伙人之间统一价值观，对律所有明确的定位，制定统一的发展战略，这对于中小律所重新站队至关重要。只有合伙人之间理念统一，制定统一的发展战略，律所才能像一艘船一样，朝着正确的方向快速前行。如果没有统一的理念和价值观，大家各划各的桨，没有一致的方向和目标，不但耗时耗力，而且还会不进则退。

第二，将互联网知识共享的特性发挥到极致，使律所得到专业化的发展。"互联网＋"时代是一个知识共享的时代，它改变了之前我们要通过不断地查阅书本、杂志来获取法律信息的方式。在互联网时代，所有的知识和数据通过网络可以瞬间被分享和连接，可以说以互联网为代表的信息时代对于律师而言就好像是如虎添翼，这种能力大大提升了律师的专业化水平，中小律所如能充分抓住这一契机，利用互联网的共享特性，组织建立专业的团队利用互联网进行知识共享，就有可能让律所的专业化建设迅速上一个台阶。

第三，利用互联网发挥营销优势，打造中小所自己的品牌。一方面，进行精准营销。互联网无边界的效应优势可以让中小律所成立专业的营销部

门，建立互联网营销团队，这个营销团队的成员可以不是律师，而是精通互联网传播的专业人员，他们负责通过网络对律所进行专业的品牌营销并开拓律所案源。而不是像之前那样由律所律师进行个人业务开拓。另一方面，建立各类社群。以往律所推广品牌主要依赖电视、广播、报纸等各类传统媒体，辅之以举办各类沙龙、会议、讲座等各类活动。而在互联网时代，营销的方向和方式有了较大的改变，这就如同造星的过程一样，先在社会媒体里实现精准粉丝的聚集，渠道主要有微信群、微博名人排行榜、QQ群等，等形成了相当的粉丝群体后，再反向引爆于大众媒体。

第四，利用互联网的特性，快速提高律所团队协作能力，提高法律服务的质量。互联网改变了之前信息不对称、法律服务区域化的特征，中小律所如能充分发挥互联网的特性建立强大的服务团队，就可以使律师的团队运作能力大大提高。

第五，利用互联网的特性，打造自己的产品。产品标准化是服务行业走向规范化、规模化的一个大前提，如果没有标准化的产品，就谈不上优质的法律服务。对于中小律所而言，应该在根据自己多年运行经验及广泛借助互联网的基础上，使自己从事的法律服务产品化、标准化，提升客户的体验感，以此达到不断稳固现有客户、开发新客户的目的。

第六，打造无边界的业务共建模式。目前已经出现了越来越多的律所联盟，提升中小律所的专业化、知名度，拓展中小律所的案源，提升中小律所的专业化能力，这些在互联网时代，中小律所完全可以借助"互联网+"的工具来实现。

第五节　智慧律所产生的背景及建立的意义

一、智慧律所产生的背景

大家都知道，很多律师事务所的发展都是从个人创业开始的，或者和自己的朋友一起创业，经过一段时间的摸索会取得或多或少的成果，通过一段时间的发展，律所的负责人会发现律所很快就会遇到一个"天花板"，遇到"天花板"就会停滞，停滞其实也不要紧，笔者曾走访200多家律师事务所发现，停滞的这段时间，是律所最容易发生分裂现象的阶段。

律所发展跟开公司不一样，开公司是规模越大，成本越会递减，而律所规模大了之后成本并不会递减，反而会增加，所以很多律所主任都会反思一个问题：到底是大了好还是小了好？这是一个问题。

还有一个问题，就是律所管理与效率的问题。什么是管理？管理的本质是为了让效率更高，那么，律师事务所如何实现让效率更高呢？人类的大脑主要是做创新的，用创新的思维去做管理，效率高的可以把效率低的给干掉，那么在当下律师事务所应该如何实现创新，让管理更高效呢？

创新首先是从观念创新开始的，人和动物的区别是看会不会使用和制造工具，人和人的区别在于看谁有观念上的创新。其实道理很简单，越是需要靠经验，越是需要靠数据，越是需要靠信息，越是需要靠条文的行业，被人工智能颠覆的可能性越大。比如说条文，司法考试涉及几百万字的条文信息，完整背下来是何等的困难，但是如何实现快速检索、实时查看，这都需要人工智能来实现。

最近几年，法律服务行业一直充满着恐怖的气息，一直有传言说律师会被人工智能所代替。就拿解答当事人的法律咨询来说，当事人的期望是你能给他一个非常精准、非常有效的建议，但是你会吗，你还得去考虑，稍微专业一点的律师都会说，"我先记录下来，我回去给你一个正规的反馈"，这可能会浪费律师一晚上的时间。所以人工智能虽然代替不了人，但是的确会抢很多行业的饭碗，会比人们做得更加有体系。

目前中国有 34 万名律师，2 万多家律师事务所，2016 年整个律师行业的营收是 700 亿人民币，而此行业整个服务属性属于非刚需，最高人民法院的公告显示，我国全国的案件加起来请律师的比例是 46%，就是 100 个案子里面只有 46 个请了律师，还有超过一半多的当事人不会选择请律师。目前律师行业还是一个相对比较封闭的行业，律所和律所之间要互相交流，越分享越多，越整合越强。资源是用来整合的，你有一件东西，他有一件东西，你们整合了会形成一件新的东西。观念也是一样，你有一个思想，他也有一个思想，你们一碰撞会产生一个新的思想。创新从哪里来，创新都是碰撞出来的，而智慧律所就是一个在不断碰撞中摸索出来的新概念。律师事务所现在还是大鱼吃小鱼，大所兼并小所的模式，过不久可能法律业会出现一种新的现象，即一些小所把大所给干掉了，为什么？因为智慧律所出现了。

【延伸阅读】

这项人工智能技术，未来99%的律师都会使用

1958 年法国法学家就已经提出了法律科学的信息化处理，即建立法律文献和案例自动检索模型。六十多年的科技发展已经改变了诸多行业的工作方式，人工智能浪潮也再一次引起了很多法律界人士的关注，越来越多的大型

科技企业开始投入研发"律师机器人"。律师会被机器替代吗？它能帮律师处理哪些事情？如果技术介入，法律行业将产生怎样的变化？

一、人工智能律师当下名不副实

在讨论律师是否会被替代前，我们先了解下 AI 技术是如何"入侵"律师行业的。

学术界对人工智能在法律行业应用的研究一直如火如茶，20 世纪 90 年代初期，用于处理离婚财产分割的某断案系统已经在实验室诞生。但人工智能和法律的结合走入市场却是个缓慢的过程。这其中有环境的因素——成熟的电子化和数据化是计算机工作的基础，也有经济的原因——越来越高的人力劳动成本，当然也少不了科技本身进步的影响。

2016 年美国研发出了第一位"人工智能律师"Ross，并在美国最大的律师事务所工作。

虽然很多人称 Ross 为机器人律师，但它的工作多是回答律师的问题，包括"通读法律"然后给出基于证据的高度相关性答案。Ross 更像是一个法律咨询系统。

与其说人工智能的发展创造了机器人律师，倒不如说创造的是机器人律师助理。至少基于目前的情况来看，人工智能参与的主要工作有如下两类：

第一类是作为律师的工具，它可以提供更好的搜索引擎，推荐相关资料和案例，进行资料管理，帮助律师节省时间。

第二类则是在律师和用户之间搭建桥梁，帮助律师的客户了解法律知识，并且推荐相关律师或链接到合适的律所。目前在中国已经出现几家这样的创业公司。

二、人工智能目前能力所及

（一）搜索推荐智能化

一位律师说其职业生涯早期主要的工作便是阅读成千上万页的书籍、记录、判例，以便更好地协助资深律师。稍有资历后，接到案子不可避免会用互联网查资料，进行法律研究，起草审阅合同，出项目建议书。重复性的烦琐工作依旧占据很多时间。

其实这些完全可以用自然语言处理技术完成。简单说这项技术就是让计算机能读懂人类的语言，自动挖掘文字内在的规律，理解语义。从而能精确分析文本内容，完成分类、标签提取等工作。

接入相关系统后，当律师查询某个案件时，后台能自动检索几百万份法律文书和相似案件，推送相关法律法规和相似文档供律师参考，不需要律师再一一手动检索。技术越强大，算法越高明，检索的速度和推荐精确度也就越高。

（二）合同审查智能化

无论是律师还是公司的法务，进行合同审查，规避法律风险都是常规工作。但大部分合同没有固定格式，而且内容繁多，审查过程耗时耗力。达观数据的 CEO 陈运文称他去华为交流时发现，像华为这样的企业至少有 10 万份合同，维护合同模板的部门团队至少有十人，审批合同的专家组也至少有十人。

自然语言处理同样能实现合同审查的自动化，计算器能在几秒钟内自动扫描合同，提取关键信息，指出文件中存在的缺点和潜在的法律风险，让律师注意到合同中缺失或可能有问题的条款。

三、获益者不止律师

律师是一个资源匮乏的行业，优秀的律师需要多年的经验积累，入职前几年的工作常常伴随着琐碎的重复性劳动。民众普遍法律意识薄弱，一旦想到聘请律师，一小时几千或上万元的咨询费用也让很多普通人难以负担。正是这种双向的困境，才更需要技术的介入来打破行业的瓶颈。

对律师们来说，人工智能技术可以帮助他们从汗牛充栋的法律条文和资料库中解脱出来，当一个律师省下了阅卷、查法条这类的工作，他就会有更多时间去关注服务的对象，发现更有利的证据。

如上所说，现实中有很多人和公司想要获得专业的法律建议和代理，却付不起相关的服务费用。如果算法可以取代部分的法律工作，律师就可以向这些市场提供服务，并且承担更多的案子。

对百姓来说，面对日常生活的法律事件，如交通违章、离婚抚养权等问题，花费上万元聘请相关律师很不划算。如果在一款产品中输入基本情况，便可以直接了解相关案情、胜诉率等问题，知法懂法就成了更便捷的事情。

中国目前有 8000 万个中小微企业，其中有些企业规模较小、资金薄弱，对法律了解的程度较低，合同的审核存在风险。如果算法可以帮助这些中小企业规避合同纠纷风险，何乐而不为？

哲学家黑格尔曾说："法律的存在并不是为律师、法律、检察官提供饭碗的，这不是它的社会功能，它的存在是为人们解决问题的。"人工智能正在不断帮我们拓展法律服务的方式和新维度。

【延伸阅读】

共享经济背景下法律服务业的创新与突围

近年来，在我国经济发展当中，共享经济和"双创"是最热门的两个词汇，也是目前经济发展的重要趋势和支撑力量，谈到共享经济，大家很容易就联想到摩拜、OFO等这些熟悉的案例，当然，也有一些东西慢慢地被淘汰掉了。所以，在共享经济的发展过程当中，对于共享经济本身的经济学研究是非常重要的，创新的过程同样也是一个试错的过程，一个新事物的出现，谁也不能肯定地知道其将来就能发展壮大起来，这需要不断地尝试和实践，需要大家反复试错和摸索，也可以说创新的过程也是一个偶然的过程。

在经济学的思想史上，上百年以前就出现了共享的思想，20世纪70年代初就已经出现了有关共享经济和分享经济的专著，共享的观念是符合人类发展的本质的，当时的共享经济之所以没有发展起来，是因为当时缺乏相应的技术手段，而当下的共享经济的潮流恰恰是跟互联网的发展和普及以及创新连接在一起的。借助互联网这样一个技术手段，共享经济才得以发展壮大，所以说技术在共享经济的发展过程当中起了至关重要的作用。

法律在共享经济的发展过程当中，在创新的过程当中也是重要的，共享经济的发展，包括创新的发展，会带来很多的法律问题，因为共享是什么呢，从经济学的产权来讲，共享经济是在不改变所有权情况下的使用权的分享，对于与共享经济发展有关的法学基础、法律基础的研究也至关重要，同时法律服务对于共享经济的健康发展也起了至关重要的作用，因为共享经济的发展一定会带来很多冲突、矛盾和纠纷，这就需要法律的实践来加以矫正，所以共享经济的发展离不开经济学的研究，也离不开法律理论的研究与法律实践。

律所本身也需要创新，也需要积极地利用共享经济这样一个概念，比如说大数据的运用，律所的服务也应当跟上这个潮流，共享经济的思想也应当运用到法律实践中去。

依托于互联网的快速发展，共享经济改变并冲击着传统的商业模式，成为经济发展的新动力，这其中隐含了许多法律问题，也给政府的监管带来了巨大的挑战。在互联网这个大江湖中，法律界定变得模糊，规制对象涉及多个行业，商品交易量早已超出实业领域的负荷，法律在面对这些全新的理念、全新的产业时能够以全新的视角应对日新月异的变化，显得至关重要。

共享经济正在不断改变着人们的生活习惯，它打破了传统行业的限制，进入了很多服务消费领域，让消费者得到了全新的消费体验以及更多的便利和实惠。同时，共享经济也遇到了法律调整滞后、监管不适应等问题。这种发展矛盾具有共性，是正常的，要缓解或理顺这些矛盾需要作为上层建筑的法律能够做出快速的反应。如果法律反应迟钝，磨合期较长，就会影响共享经济的健康发展，也会导致围绕其而生的一些经营关系、合作关系、消费关系的模糊、混乱，伤害各方利益。

共享经济作为一种新的经济形态，重新塑造了整个社会的基本面貌，面对这样的变化，应实事求是，突破传统的法律束缚，用创新的法律范畴来解释、调整新出现的问题。

二、智慧律所建立的意义

2017 年 4 月，最高人民法院印发了关于加强《最高人民法院关于加快建设智慧法院的意见》，直接把智慧法院加到了标题里面，"最高人民法院"和"智慧法院"这两个关键词，跟当下的"共享"和"人工智能""依法治国"这些热门词汇一样被列到了我们国家政策制定的高度去推行。

张军部长在十八大以后一直在推行公共法律服务，多次提到运用共享、大数据、人工智能，调动公检法司各个方面的力量，来为人民服务，所以说智慧律所是提供法律服务的主体，律师事务所在信息化管理、人工智能时代，自身建设和强化专业水平的客观需求，也将成为国家信息化建设和法治建设的重要组成部分。

智慧律所的建设对于律所的管理有着非常强大的内在价值。

第一，可以降低律师事务所的经营成本，发挥律所最大的效益。我们经常说高效率干掉低效率，律师事务所这个行业，从改革开放以来，实际上仅仅有大概四十年的发展历程，真正解放思想、释放生产力也就是最近 20 年的时间。我们看到，最近几年国内的律师事务所发展比较明显，很多巨头脱颖而出，99% 的律所还处在相对比较传统、相对比较封闭的一个状态，这些律所可以联合起来，用共享的理念解决技术的问题，用共享的理念解决资金的问题，用共享的理念解决扩展平台的问题。智慧律所首先要秉承共享的发展理念，才能真正取得一个非常大的硕果。

第二，可以实现知识资源的共享，增强律所的核心竞争力。律师事务所作为智力服务业当中的代表，靠给客户提供智力解决方案生存，在当下信息大爆炸、消费升级的时代，消费者提出了更高的需求，我国有众多的法律法规，每年甚至还有新的法律条文出台，这对人脑是巨大的挑战，一个律师、一个团队甚至一个律师事务所，无法通过人脑做出一个迅捷的判断，这就需要人工智能的辅助。

第三，打造智慧律所是律师事务所提高品牌、提高核心竞争力的必然选择。律师事务所这个行业，自从整个行业市场化以后，实际上很多个律师事务所处于各自为战、单打独斗、市场竞争力相对比较薄弱的局面，这是实事求是的说法。我们只有看到整个行业的短板，才能找到突破的路径，所以律师事务所如何在众多的品牌当中脱颖而出，智慧律所是一个契机，是一个机会。可能有些律所主任会认为"智慧律所"这个概念还比较虚，但是学习力就是竞争力，想象力就是驱动力，很多事情就像马云说的那样"梦想还是要有的，万一实现了呢"，更何况现在有这么多的学者、政府领导在前面指引，智慧法院的建设得到了财政的大力支持，智慧律所也要用市场化的手段往前推进。个人的力量是微弱的，中国2万多家律师事务所，每个律所投入一个人，汇聚起来就是一股巨大的力量，而且市场化的方式将会更加高效地推进智慧律所的建设，我们具有试错的成本，只要大家都参与进来，就会有突破性的进展。

有智慧法院的带路，有一个好的标的，有一个好的学习榜样，智慧律所一定会快速取得落地的成果，智慧律所的创建对于法治化的进程，有非常强大的外在价值。

【延伸阅读】

智慧法院遇智慧律所，"双智"联合解锁司法新模式

2017年11月25日，《"人工智能＋法律"暨全国智慧律所与智慧法院对接落地峰会》在北京隆重召开。大成律师事务所终身名誉主席王忠德先生、最高人民法院知识产权审判庭原庭长蒋志培庭长、法律出版社戴伟社长、华宇元典咨询总监吕江涛先生等国内外各业界领袖、学术专家，与来自全国各地的数百位律所主任、高级合伙人齐聚一堂，就"在人工智能科学迅猛发展的大背景下，如何打造智慧律所"以及"智慧律所与智慧法院怎样做无缝链接"等议题展开深入研讨。

智慧法院是指充分利用互联网、云计算、大数据、人工智能等技术，促进审判体系与审判能力的现代化，实现人民法院高度智能化的运行与管理。

挖掘数据规律，呈现审判规律，服务体制改革，满足知识需求。

如图1-5-1，华宇元典咨询总监吕江涛表示，司法部门使用人工智能系统，将提高法官检察官的工作效率，如增加庭审笔录的完整性，并进一步推动同案同判，解放行业的生产力。

图1-5-1　华宇元典咨询总监吕江涛

会议指出，"人工智能＋法院＝智慧法院"。智慧法院的作用如下。

①提供全方位的智能服务。法院利用人工智能技术，实现了全业务网上办理，全流程审判执行要素依法公开，面向法官、诉讼参与人、社会公众和政务部门提供全方位的智能服务。

②提高法院审判工作的效率。法院利用人工智能技术推进业务应用，可以大力提高审判工作的效率，推动流程再造，促进审判高效有序运行。

③提升司法公开水平。法院可以运用大数据和人工智能技术，构建多渠道权威信息发布平台，按需提供精准智能服务，为办案人员最大限度减轻非审判性事务负担，为人民群众提供更加智能、开放、透明的诉讼和普法服务。

会议还指出，"人工智能＋律所＝智慧律所"。

智慧律所的建设是律师事务所实现信息化管理和强化自身专业水平的客观需要，旨在通过智能化平台将全国100个城市1000家律师事务所链接在一起，推动律所的信息化发展，增强律所的核心竞争力，推动法律服务市场的结构性变革，这对加快国家信息化建设具有重要的战略意义。

从社会层面上来说"互联网＋"时代，是一个新时代，同时也是互联网技术、国民经济飞速发展的时代，大形势迫使服务业要用更加先进的技术提高服务质量。在法治建设过程中，只有子系统与其他子系统相互协调，并与大系统融合在一起，才能发挥"互联网＋"的作用。律师要为"互联网＋"创造一系列新的服务模式，同时在法治建设过程中，律所也要在这种人工智能的大环境下进行创新变革，小系统和大系统的结合，智慧法院与智慧律所的结合，对国家法治建设具有一定的推动作用。

第六节　智慧律所与传统律所的区别

一、基础不同

智慧律所更加注重信息化的管理，有专业化的团队，注重标转化产品研发，注重用户体验，而传统律师事务所实践的"互联网+"都是由律师来主导的，也就是所谓的"外行"领导"内行"，因此这种情形下律师事务所"重金"开发的平台往往只是一个律师事务所的主页而已。另外，国内法律互联网经过十多年的发展，技术门槛、人才门槛和资金门槛已经很高，普通律师事务所已经难以负担自建平台的高昂成本。

二、营销模式不同

传统律师事务所律师案源主要来源于社会关系网，律师的营销主要靠的是打造良好的口碑，通过当事人的口口相传的线下营销模式进行。而智慧律所具备以第三方网络平台为辅的快速网络电销模式，电销模式具有在线化、平台化、标准化的特点，这种模式大大降低了律师与当事人之间的沟通成本、案源的流通成本，极大地提高了律师事务所运营的效率。

三、定价策略不同

只有降低用户成本，提升服务质量才可能拥有海量用户，智慧律所必须以降低用户法律服务成本为目标，为实现这一目标，就必须拥有强大的网络平台，因为只有占领高地才能在一定程度上拥有法律服务的定价权。只有拥有了定价权才能真正降低用户的法律服务成本，才能在日益激烈的互联网市场竞争条件下生存。很多律师有通过百度竞价排名来推广自己的经验，在百度搜索结果首页投放广告，点击一次可能需要几十元的成本。从点击广告到电话咨询，再到当事人上门咨询可能已经投入几千块的成本了，在这样的现实下，律师提供高价法律服务将会让需求者望而却步。解决这一痛点的方式就是简化中间流程、降低流量成本。

四、管理模式不同

传统律师事务所律师与事务所之间往往是挂靠等松散的合作关系，律师更多是单打独斗，迫于生计，很多律师被逼成为"多面手"，他们自己运营微信公众号、微博等自媒体，做个人网站，甚至自己写软文……时间大部分消耗在自我营销上，执业多年却迟迟走不上专业化的道路；智慧律所拥有健全的产品研发、产品运营、市场营销、售后服务等团队，律师不再一切都靠自己，而是和其他部门明确分工、密切协同，他们不再担心案源，而是专注律师业务本身，案源的效率分配原则让他们能够快速走上专业化道路。

五、扩张方式不同

传统律师事务所的扩张往往追求实体平台的强大，通过办公室扩张或在各地开分所等方式实现，而智慧律所通过信息化、数据化的运营管理模式，可以在律师行业实现迅速的扩张，并且最高效地利用互联网和人工智能的资源，利用线上和线下两个端口，实现律所利益的最大化，同时也可加快向标准化、专业化迈进的步伐，在律师行业始终保持核心竞争力。

【延伸阅读】

中小型律所应该以怎样的心态来面对人工智能？

中小型律师事务所服务的方式和经营模式都需要有一些调整，再加上新技术和人工智能的到来，如何整合和共享中小型律所服务中小企业或者客户的经验和知识，如何利用人工智能的技术提高工作的效率，让服务更简单、更透明、更便利，这些是中小型律所在科技化的时代面临市场需求需要做的一个准备和心态上的调整。

人工智能大发展的大环境，对中国律所的变革和影响是不可小觑的，律所的发展模式要做出适当的改变，向智慧律所转型，要有高度的标准化、高度的流程化。很多智能的法律服务产品不断涌现，一些简单的法条搜索和咨询，包括一些大批量的重复性的工作都会被人工智能所替代。

当然，面对科技的创新和服务模式的创新，中小型律所应该以一个开放的心态来对待，毕竟法律服务是专业的服务，中小企业很多的问题人工智能是不能解决的，还是需要一个专业的咨询对象来满足客店所有的法律服务需求，所以就算一个合同能够通过机器来自动生成，初步的咨询人工智能能够简单地理解跟回答，但是整个复杂的案件的分析、合同条款的设计安排，这些在短时间内人工智能不会完全取代，所以中小型律所面对人工智能的出现应该从两个方面来面对，一方面是开放的心态，同时要考虑如何利用人工智能来提高服务的效率，获得更大的效益；另一方面，要在服务客户的时候考虑如何提高客户的满意度和感受度，这些人性化的服务依然是中小型律所服务的一个核心竞争力。

【延伸阅读】

人工智能是如何帮助律师所向披靡的？

高级应用研究科学家杰瑞米·皮肯斯（Jeremy Pickens）指出，事实上，大量的实证评价发现，连续的自适应机器学习方法可以帮助律师监督不断变化的法律数据。Catalyst 库存系统，它承载和服务的文档库适用于大规模搜索法规。

杰瑞米·皮肯斯说："要实现连续的协议，偶尔再培训现有的机器学习分类是远远不够的，必须要在本地层面融入机器学习系统，并联多样性预测算法能让律师意识到他们所不知道的细微差别。总之，连续相关性和连续多样性预测可以让律师处理大量的、不断变化的文档集合。"

自然语言处理（NLP）技术为人工智能的发展出了不少力。

自然语言处理技术除了能让人工智能理解文本功能，还可以使用户提出复杂的问题。例如，硅谷律师事务所，Wilson Sonsini Goodrich & Rosati（WSGR）使用 Lex Machina AI 来研究使用创新的方式分析收集竞争情报。"根据数据分析，WSGR 可以做出更好的决策、资源调配以及调整客户计费。"法务数据科学家布莱恩·霍华德（Brian Howard）说。

关于人工智能对法律界的影响的讨论往往会延伸到机器会取代律师方面。据人工智能科学家称，在现实中，人工智能使得法律研究的某些阶段更有效，机器不会大量取代律师。

"这样一来，律师着重在更高层次解决法律问题，同时把日常任务留给计算机。"商标的解决方案供应商 TrademarkNow 的首席科学家安娜·罗凯宁（Anna Ronkainen）说。

该科学家还指出，"这种转变仍然是集中在文件审查方面，其中电子披露与预测编码在过去十年保持不变，即使是人工审查，有时也不被法院承认并受理"。

另一个人工智能技术可以为律师提供帮助的是专家系统，即利用算法的方法。这些系统可以帮助律师寻找特定类型的证据来支持具体结论。

第二章 智慧律所如何打造

第一节 律所的新发展

一、律师行业面临的三大问题

随着互联网和商业的高度发展，越来越多的企业和律师事务所开始关注品牌的塑造，如果在大街上随机问一个人遇到法律问题会寻找哪家知名的律所，恐怕十有八九都会答不上来。当前中国绝大多数律所仍属于中小型规模，为了谋求生存和发展，这些律所的管理者们只能将更多精力投入到搜索案源、代理案件等业务工作中，很难真正将精力投入到律所的运营、管理和品牌推广等方面。在互联网化的今天，如何转变思维，利用互联网改变这一现状，实现自身的转型、创新、升级发展是很多律所面临的问题。

根据大家消费习惯的不同，很多人在买房子或者购物时都会选择不同的品牌，时间长了还会成为同品牌的长久客户，但是法律诉讼业务涉及多个方面，包括合同纠纷、婚姻家事、房产土地等各个方面，大多数人都会或多或少涉及法律问题，然而在遇到问题的时候，却不知道该如何选择律师事务所和专业律师，所以缺乏品牌化是律师行业的第一大问题。

律师行业的第二大问题是行业过于分散，目前全国 34 万律师，中国的法律服务市场正以每年 30% 的速度增长，诉讼业务、法律顾问业务的市场规模均已达到千亿级别。不断增长的数字彰显了中国庞大的法律市场，但在这一片繁荣景象背后，也出现了另一个现象，那就是虽然当前中国律所众多，但规模大多有限。34 万律师分散在 2 万多家律师事务所，平均每家律所十几个律师，以 50 人以上为"大所"、100 人以上为"超大所"的标准规模来看，即便在北京，100 人以上的"超大所"也仅有 30 余所，50 人以上的"大所"只有七八十家，不足律所总量的 5%。在一些经济相对落后的地区，律所的发展规模更不容乐观，比如，西藏、拉萨地区，规模最大的律所也仅有 12 名律师。不仅如此，中国律师行业排名前十的律师事务所总收入不到律师行业收入的 10%，这在所有行业里面都是很少见的。一般行业中，排名前三的公司会占市场份额的三成到四成，律师行业的分散可见一斑。

最后一个问题就是律师事务所能够给律师提供的帮助很少。在我国，由于政策原因，律师必须挂靠在一家律师事务所才能开展律师事务工作，但律所给律师的帮助顶多是一些办手续和接待的工作，能够给律师提供的帮助很少。律师往往靠个人在外面开展业务，包括找案源、做案子、谈案子、执行等，压力非常大。

二、人工智能对整个法律行业的影响

20 世纪 50 年代，人工智能的研究开始进入人们的视线。短短几十年内，已经硕果累累。计算机、互联网及大数据的问世改变了人的生活、工作方式，也改变了人们对人工智能的态度。"第一棋手"以 4∶1 的战绩赢了世界排名第四的韩国围棋高手李世石。这次的围棋比赛，"第一棋手"已经具有神经网络的运算能力，可以根据外界情况选择最优方案。它在比赛中的胜利预示着人类社会将快速进入智能制造时代。

对于律师、会计、金融等需要逻辑计算工具方能开展业务的领域来说，"第一棋手"战胜李世石的实际影响可能是喜忧参半的。一方面，他们可能希望人工智能的研究成果可以早日用于自己的领域，以促进研究，同时减少开支。另一方面，资料检索系统、计算程序或智能机器人的使用也有可能取代员工在公司或事务所的角色，那就意味着不少人将会失业。

就法律而言，人工智能已经被广泛地用在法律的各个层面。最为明显的是法律信息系统或法律咨询检索系统。各式各样的法学资料库，包括法律法规、判决、立法过程以及法学文献，已经成为法律人做研究的工作伙伴。

一项针对法律人的研究显示，人们对人工智能的恐惧远不如对它的期望。对法律人来说，目前还停留在对人工智能的初步认识和迷恋上，律师事务所的合伙人所关心的不是人工智能会给人类带来什么灾难，而是当人工智能的大潮到来时，他们的事务所是不是可以很有效地利用这个工具。如前所述，人工智能可以广泛运用在法律的各个领域中，包括帮助法官做出司法裁判。那么如果人工智能的程序出了错，导致了错误的判决，应该由谁来负责任？根据常识来判断，法官的角色是不可取代的。法官和律师的工作是以语言为载体的，重在处理复杂社会关系中人与人的关系，这些很难被转化为算法被机器掌握。再聪明的智能机器人或软件程序，也很难像人一样能够置身于错综复杂的关系之中运筹帷幄，决胜于朝堂之上。

三、律所实现新发展的措施

（一）转变传统思维

市场经济是法治经济，法律服务业应当对市场的变化保持必要的敏感。既然互联网深刻影响着这个时代的商业模式，那么，法律服务业也应当按照互联网思维的逻辑顺势而为。实际上，不论是否乐于接受，法律服务业业态正在因为互联网而发生前所未有的变化。

在互联网时代背景下，传统法律服务行业面临着新挑战和新机遇。依托互联网思维和技术推动法律服务行业发展，实现业务能力的延伸，对于传统律所来说，首先做的应该是转变思维，由传统思维向互联网思维转变。

有人说："在未来，律师不仅存在于线下的律师事务所中，更多的会出现在网上。比如，当事人拿起手机就可以看到自己附近的律师，就可以通过软件筛选附近的律师里符合自己要求的律师，然后通过手机就可以轻松地联系到这位律师。"也有人说："在未来，律师业务不会像现在这么不透明、不可控，律师事务所管理人员、律师及当事人都可以通过一个案件管理系统随时知道案件的进展情况，律师业务会越来越趋向于流程化、专业化、透明化、可控化。"这充分要求律师要打破以往传统执业的思维，提高对自身的要求，以更加开放的心态来执业。

【延伸阅读】

用跨界思维解决中小型律所发展之痛！

（"2018 桂客年会"高度强的发言，见图 2-1-1）

非常荣幸能有机会参加今年的桂客年会，也非常开心在会上见到了很多业界的前辈、行业的专家学者和领袖，我们在一起进行了很好的交流和探讨，我内心有很大的感触和体会，以下是我想跟大家分享的心得。

律所的管理创新应先从思维创新开始。近几年，我们看到，有一些新的律师事务所如雨后春笋般涌现，作为新所，发展势头甚至有超越老所、大所的趋势。这是什么原因呢？

我们走访调查后发现，这些律所大多都选择了跨界发展。也就是说，律师事务所的创新除了组织、模式、产品、架构的创新外，还需要跨界的创新，还需要打破传统的发展理念和商业模式，进行思维上的颠覆和创新。

很多人觉得思维的颠覆、跨界的创新听起来很大很空或者很假，像是口号，而且似乎可操作性并不是那么高。但事实上，只有当你真正能静下心去深入了解思维和跨界能带给我们或者带给律所的改变时，你对于管理的认知层级才能提高，才能带领律所有不一样的发展。

所谓思路决定出路，也不外乎如是。

图 2-1-1　高度强在"2018 桂客年会"发表感言

我多年研究中小律所的管理发展问题发现，在当下诉讼市场趋于饱和的情况下，几乎所有的中小律所都面临着业务开拓和转型的难题。

现实中，每一家律师事务所的主任都像一个领袖一样，希望能大展身手，带领律所快速发展。在现阶段这个一不留神就会被市场抛弃的时代，律所管理者应该说是承担了比以往更大的压力。

但值得庆幸的是，目前国内 7500 万中小企业，为律师带来了巨大的法律服务市场，不少中小律所也已经看到了机会和市场所在，甚至一些大律所已经开始摩拳擦掌、跃跃欲试了。大律所的成功和发展有其特定的时代背景和机遇，那么在如今大小律所资源严重不匹配的情况下，企业市场该怎么切入？怎么开拓？

我们都知道，世界上任何一种成功都是不可以复制的，但是关于管理的经验是可以借鉴和学习的。

在此要注意的是，大律所有大律所的管理方法，小律所有小律所的管理方法，不可一概而论。

也就是说，经验的借鉴和学习一定要建立在对自己律所深入分析的情况下，生产关系和生产力要相互适应，有时候即使将飞机的引擎安在拖拉机上，拖拉机也肯定飞不起来。

将企业家装进律所，让律师事务所本身具备开拓市场的能力。在我看来，在目前大律所的攻城略地下，在借鉴和学习经验的同时，中小律所必须换道超车，必须有跨界思维，必须首先解决市场开拓的问题！

需要强调的是，这里的市场开拓问题指的是，中小律所必须本身就具备开拓企业市场的能力。律师现有的思维的局限性导致其在市场开拓领域存在先天劣势，而我们打造的商学院模式，就是将企业家装进律所，让律师事务所本身具备开拓市场的能力。

国内中小律所数量占到了律所总数量的 90% 以上，但是反倒是这些中小律所，面临着资源短缺、人才缺乏、管理落后等一座座的大山。正因为如此，成长型律师事务所一旦掌握了正确的方法，获得了需要的资源，成长潜力是巨大的，律所发展会实现质的飞跃。

（二）注重律所一体化管理、标准化产品的研发

在传统的法律服务市场，法律服务工作者往往是被动的。资深的律师凭借自身多年的打拼或是多年积累的资源和人脉来获取更多的业务。通常，这种资深的律师具备提供专业法律服务的能力。所谓能者多劳，这些律师通常能够接到更多的案件或者更多单位的非诉业务。而对于绝大多数资历尚浅的律师而言，由于资源和人脉有限，甚至是能力上的欠缺，他们在律师行业的发展就显得非常艰难。

但是在互联网时代里，律所网络化建设不仅是技术问题，还是律所实现从"人治"向"法治"管理转型的过程。在这个转型的过程中，当下律师与律所对互联网的应用趋于单调，大多数律所仅局限在网络内进行信息查询。律所应该转变传统的宣传路径，将所里的律师推出去。律所可通过互联网实现客户委托、法务对接、纠纷处理、项目交易等大量实务运作。从当前的律师运营现状来看，已有若干律所建立了网上委托系统，即律师业务电子商务，使远程客户在节时省力的基础上，依托电子商务完成授权委托及付款，继而开展法务活动。

各律所应充分利用互联网时代的信息共享，通过法律产品的标准化、可视化、体验化、系统化寻求法律服务与互联网的结合，抓住机遇，迎接挑战。

（三）加强对律所软件管理的重视程度

很多律所对于软件管理系统都不太重视，比如案件登记归档系统、案件基本办理标准流程系统，等等。这些东西，大部分律所的领导层，只考虑经济收入因素，能省则省，多年来一直如此。很多小律所并没有考虑时间的成本浪费，比如案件从洽谈到结案归档都由一个律师包干到死，不仅加大了律师的体力劳动，还浪费了律师宝贵的工作时间。

互联网时代的到来，为律师工作带来了极大的便利，传统律所应该积极拥抱变化，提高对律所软件管理的重视程度，加强律所信息化管理，引进先进的互联网管理软件，从而更好地提高律所人员的工作效率，避免一些不必

要的人员浪费。所以，实现信息化和软件化的管理，是传统律所真正向互联网律所迈进最重要的一步。

（四）用好智慧律所"五大件"，走在律所发展前列

前面说了很多关于智慧律所的情况，那么到底如何打造智慧律所呢，笔者认为要打造智慧律所首先必须要具备智慧律所几大件，只有做好这些，才能走在律所发展的前列。

1. 信息化管理软件

随着互联网的普及，办公和信息系统服务已经深入律师服务中。采用信息化办公系统能够方便客户了解案件（项目）进程，进行实时的信息沟通和数据分享。

技术驱动法律，国内的律所主任应该坚信这一点，尽管很多国内的律所已经把律所信息化作为一项重要的工作来开展，但是信息化的作用不仅是为了提高律所内部的管理效率，还是为了通过技术的创新和大数据系统，为客户提供更高效、更高品质的服务，同时与人性化的服务相结合，提升用户体验。

2. 智能法律机器人

近两年，"法律机器人"这个词不止一次出现在大众的视野。法律咨询机器人可 24 小时值班，能随时更新最新的法律法规，法律与人工智能的强大融合，涵盖了法律咨询、企业专项法律服务"两大服务系统"，涉及刑法、行政法、劳动法、侵权法、婚姻法、交通事故、房地产纠纷、合同纠纷等几十个专业领域。大幅提高了律师的工作效率，可让律师有更多的时间来服务更多的人，以及提升自己的专业能力。

普通的律师只能实现一对一的服务，想实现一天 100 万次的法律咨询是不可能的，但是人工智能就能实现。

3. 智能会议、智能培训、电子法庭

由于律师事务所的特殊服务性质，很多律师都是常年在外出差处理案件，律所的成员真正在一起工作的时间其实非常少，想实现经常召开会议也不是一件特别容易的事情。智慧律所可以利用第四代互联网技术，搭建一套智能会议系统，实现远程会议的召开，通过互联网实现面对面般的交流效果，不受时间、区域的限制，随时随地、想开就开，为律所繁忙的工作节奏提供了有效的保障，更高地提高了工作的效率。

律所人员培训对律师专业能力的不断提升有很大的作用，律师只有具有持续学习的能力才能跟得上行业的发展，但很多中小型的律所一直没有一个系统性的标准，如果能够实现智能培训，不仅能达到很好的培训效果，还能

让律所培训更加简单、高效。智慧律所可以实现律所全员培训自动化、标准化、智能化，可以利用大数据和互联网技术，使律所更加先进。

模拟法庭近年来一直被各法学院广泛采用，是法律实践性教学的重要方式。它通过案情分析、角色划分、法律文书准备、预演、正式开庭等环节模拟刑事、民事、行政审判及仲裁的过程。而智慧律所打造的电子法庭跟模拟法庭有着相同的模式，充分利用在线互动功能，积极开展模拟庭审，还原真实的庭审场景，对于案件分析和案情的推进非常有利，能够提升律师对案情分析的自主性和逻辑性，提升律师办案的能力。

4. 远程会诊

当一个紧急的案子发生的时候，很多律师要通过大量的走访、调研和数据搜集来分析案件，有时候还要通宵来做，非常费时费力。智慧律所可以通过远程连线，一键链接智库大咖，并通过大数据分析案件，快捷抓取案情要点，为律师办案提供实质性的帮助，达到远程会诊的效果。

5. 智能终端机

智慧律所以公共服务展示机、互动设备等终端为基础，实现智能终端的服务，方便律所日常管理，对于律所品牌化的行程也非常有利，高性能智能终端发展非常迅速，新应用层出不穷，不少应用都要求智能终端有较高的性能，因此，只有智能终端处理器具有较高的性能，才能给用户提供完整的功能和较好的体验。

第二节　管理软件化

协同办公软件能为律师事务所解决的问题如下。

律师事务所办公自动化转型升级首先要考虑的就是安全性问题，病毒攻击会导致客户信息泄漏乃至丢失，律所发展可能会因此受到严重影响。

另外，近几年律所在规模扩张的浪潮下，盲目追求"规模化"，导致信息化管理支撑不足。

在这种情况下，以移动化、社交化、扁平化、跨界化、智能化为代表的协同管理办公平台应运而生，协同办公软件能为律师事务所解决哪些问题呢？

一、业务管理问题

在大多数律所中，项目负责人如果想知道律师的工作进展，要么进行当面询问，要么通过日志统计的方式了解，这一方面消耗管理的时间，另一方面也不一定能了解到真实的情况。协同办公软件能实现线上一键立案，立案流程更规范、更简化、更有效，大大减少了因手工流程而引起的潜在成本及风险；实时准确的数据能帮助律所管理者及律师做出更好的业务决策；文档自动化使创建文件的效率大大提高；电子盖章文书统一管理，避免了纸质盖章文档与审批文档不一致的风险。

二、利益冲突问题

对于律师执业来说，最根本的还是需要了解清楚自己执业过程中的"游戏规则"，但就收案这个点来说，利益冲突的问题要尤为谨慎。所谓的律所收案的利益冲突（简称"利冲"）一般是指律师在某种情况下接受委托可能出现侵害一方当事人的行为，因此，在利益冲突的情况下禁止律师代理另一方当事人的委托，或者在特定豁免的情况下接受另一个当事人的委托。

那么，为什么要规定利益冲突的问题？因为律师的本质在于忠于现行规范性文件及当事人的委托，即在遵守规则的情况下最大限度地维护当事人的合法权益。如果不对律师的委托进行限制，则可能违背律师行业存在的逻辑。

但是，随着国内律师行业的急速发展，规模化的大型律师事务所、全国型律师事务所、全球律师事务所以及存在关联情况的跨境联营的存在，导致原本看似简单的利益冲突规则变得似乎存在空白区而无法解决部分特例，如何处理"利冲"问题，应受到律师行业与律师协会的重视。大部分律师事务所一般选择线上协同办公平台，自动化的利益冲突管理功能，能够显著提升利益冲突检索的效率与准确性，PC端与手机端自动利益冲突预检，可以初步规避风险。当然在规避"利冲"风险时，仅靠线上管理功能仅仅是达到初步预检功能，还需要律所客户案件管理专员把控利益冲突评估与检索环节，并通过协同办公平台反馈到各业务团队，平衡利益冲突，再由最终案件负责人评估新客户、案件和相关方的潜在利益冲突风险，降低执业风险，最大限度维护律所利益。

三、客户案件管理问题

据调查，大多数成长型的律师事务所在进行案件管理的时候，案件基本上属于失控状态，只有靠口头或者邮件反复确认沟通才能保持对案件情况的把控；对于合办案件的律师来说，需要花很多时间沟通彼此的工作情况，保证实时更新案件的进展信息，避免出现对外不一致的情况；案件多了以后，就会出现案件进度不可控、质量不可控、律师协作成本大等问题。这些都严重影响了律所的发展，很多律所的发展瓶颈并非案源营销，而是没有办法再消化更多的案件，案件质量也无法有效把控。

随着互联网时代的到来，线上协同办公平台的诞生为律师事务所案件管理提供了有效的管理平台。该平台可以实现客户、案件信息的统一规范管理。

四、财务一体化管理问题

律所管理软件可以为全国性律所提供广泛的财务支持，可整体管理各地办公室及各团队财务体系，拥有多元化的财务管理功能、丰富的财务定制化方案，能满足律所独特的财务管理需求并提供可靠的财务分析数据。

例如，账单管理功能与工作日志自动相连，可依照与客户约定的付款方式，根据工作时间或者工作内容生成账单，引导客户认同律师工作价值，实现财务一体化接口设计，方便对接国内一流财务系统，避免财物信息二次输入，提高了整体财务管理效率。

五、文档管理问题

律所的文档组织管理也是一项重要的工作。很多时候，大家工作的随意性很强，或者是每个人都有各自的习惯，因而文件乱起名，乱存放，到后来根本找不到。当然一个好的文档管理软件能够有效地支持律所的文档管理，一般来说，需要文档管理系统。第一，安全，律所文档是生命线，文档管理系统可以保证安全性。第二，协同，律所文档不是个人文档，律所文档管理的核心价值在于律所人员之间的文档协作；多人共享、版本管理、在线编辑、远程互动等功能文档管理系统都要具备。第三，文档管理系统可以让律师随时随地都能开展工作。

比如一个案件立案成功后，如果使用管理软件的话，可以使个人案件文件夹目录按案件类型自动生成，案件参与人员可以共享案件文件夹，PC 与 APP 端文件实时同步，案件文档随时可查，并且同时支持案件文档预览、检索及批量上传，简单又高效。

六、移动办公问题

移动办公是一种全新的办公模式，可以让办公人员摆脱时间和空间的束缚，随时随地通畅地进行工作，工作将更加轻松有效，整体运作更加协调。利用手机的移动信息化软件，建立手机与电脑互联互通的律所软件应用系统，能够摆脱时间和场所的局限，随时进行随身化的律所管理和沟通，有效提高了管理效率。

移动办公可以根据律师工作的特点，满足律师移动办公的需求，多终端一体化设计、数据无缝对接、可定制化的律所企业号服务，让移动办公更智能。

七、知识管理问题

对于律所来说，建立一个统一的可以全所共享的知识库平台是非常好的一个举措，不同专业的律师平时需要进行大量的专业知识储备，协同管理软件可以将每一个律师的知识成果分类保存，文档由专人审核上传，文档分权限下载，支持在线浏览，不可复制，有效保护了所内的知识成果。

八、律所内的资源整合问题

协同管理软件还有一个重要的作用就是可以帮助律所建立统一的资源共享圈，可以迅速匹配合作需求对象。不仅如此，还可以进行在线业务求助，线上合作交流，建立所内统一项目竞标库，方便参照合作。律所人员的人脉资源也可以共享利用，达到资源整合的目的。

九、行政、人力管理问题

在律所的日常管理当中，行政和人力管理问题也是一个非常复杂的流程，协同管理软件可以将律所内网信息自定义管理，实现所内规章制度、培训文件共享等，可以将所内新闻、公告实时推送至手机客户端，还可以实现360度自动在线绩效考核，生成多元化绩效考核报表，方便地解决了律所行政和人力管理问题。

【延伸阅读】

300 位律所主任齐聚北京，共享"人工智能 + 法律"智慧盛宴

图 2-2-1　第五届"人工智能 + 法律"暨全国智慧律所与智慧法院对接落地峰会

如图 2-2-1，2018 年 3 月 31 日—4 月 1 日，第五届"人工智能 + 法律"暨全国智慧律所与智慧法院对接落地峰会在北京举行。北京航空航天大学龙卫球院长，北京大学法商课题组主任高度强老师，纷享销客市场总监孟德鹏等来自国内的学术专家、法律精英及 300 多位全国律师事务所主任共同参与

此次峰会，就人工智能时代如何打造专业化、数据化、流程化的法律服务体系，如何打造智慧型律师事务所展开深入研讨。

图 2-2-2　北京大学法商课题组主任、滴慧商学创始人——高度强

高度强老师讲道，随着智慧法院建设被纳入《国家信息化发展战略纲要》和《"十三五"国家信息化规划》，各级法院对司法人工智能高度重视。因此，智慧律所将成为律师事务所创新发展的重要趋势。但是在中国近 2 万家成长型律师事务所里，仍然面临着展业难、收费难、续费难、留人难、管理难等问题，常出现律所发展停滞不前，合伙人分崩离析的局面。

成长型律师事务所的发展，管理者思维的转换是关键，律师事务所除了要在组织、模式、产品、架构上进行创新外，还要具有跨界思维，打破原有的发展理念和商业模式，实现思维上的颠覆与创新。

思路决定出路，通过思维的突破加上人工智能技术的加持，让律所插上互联网和智能两只翅膀，打造一个管理软件化、信息系统化、资产数据化、会议远程化、各端联通化的智慧型律师事务所。

图 2-2-3　北京航空航天大学法学院院长——龙卫球

如图 2-2-3，北京航空航天大学法学院院长龙卫球表示，随着大数据时代的到来，企业通过新的数据技术，收集大量有价值的数据，大数据被演化

成创造巨大价值的新型资源和方法，数据不断发展为新型资产，同时也越来越被市场赋予巨大的商业价值。同样数据保护应当顺应数据经济的规律性，不能仅片面地强调保护个人信息，应该将个人信息保护与企业数据保护统一起来进行合理平衡，既要保护数据安全，又要更好地推进大数据行业的发展。

随着中国创新驱动发展战略的加快实施，如何适应服务市场的变化，为客户提供创新性的法律服务，律所如何实现专业化、智能化、信息化发展，依然是成长型律师事务所转型面临的问题。在人工智能、大数据时代背景下，律师事务所应该顺势而为，充分借助当前"共享、跨界、人工智能"等核心趋势，打造法律服务新业态，赢得更大的发展空间。

第三节　信息系统化

一、国内律所信息化建设现状

要想建设一个完善的智慧律所，加快律所信息化建设，提高律师办案效率、协同效率，完善律所风险管理、业务管理、品牌建设，提升律所的整体效益等一系列问题是首先需要解决的事情。随着"互联网＋"时代的迅速发展和国家信息化建设的不断完善，新时代的律所必须要具备办公自动化系统、项目管理工具、数据分析平台等来满足律所管理的多样化需求，为律所高效管理、快捷办公提供保障。

"互联网＋"作为一种以信息产业为主导的新型经济形态，其本质在于将互联网广泛应用于社会生产和服务的各个领域，使传统产业与现代信息产业深度融合，通过传统产业互联网化实现产业升级和价值重组。在管理层面，"互联网＋"解决了传统产业在组织和管理上存在的信息流通不畅、信息资源不对称和信息更新滞后等根本性问题，促使新的管理关系、管理理念和管理模式得以建立和运行，形成了"互联网＋"时代信息管理新态势。

目前二级法律服务市场正经历信息化、数据化和智能化三大变革。然而作为一级市场的律师事务所，除了独占鳌头的几家大所，绝大多数还匍匐在"工坊式"作业模式行业线上，用着"小米＋步枪"在竞争激烈的法律服务战场负隅顽抗。相较于法院、检察院系统的信息化建设，律师行业法律服务机构的线上化过程竟然如此得缓慢，据相关数据统计，截至2017年底，全国共有执业律师36.5万多人，律师事务所2.8万多家，即每家律所的律师人数平均为12.98人。从律所性质上看，合伙所1.8万多家，占66.5%；国资所1200多家，占4.3%；个人所8200多家，占29.2%。从律所规模上看，人数 10 人以下的律所 1.7 万多家，占 61.8%；人数 10 人（含）至 30 人的律所 8900 多家，31.5%；人数 30 人（含）至 50 人的律所 1100 多家，占 4.1%；人数 50 人（含）至 100 人的律所 500 多家，占 1.8%；人数 100 人（含）以上的律所 200 多家，占 0.8%。

由此可见，律师队伍其实是一个严重依赖顶级人才的行业，而恰巧又是一个"恶性离职"频发的行业，律师事务所如果不能充分利用信息技术，实现业务管理的提升和改造，那么在互联网时代是没有生存空间的。因此，律所管理系统需要结合外部数据和行业信息，将其核心竞争力定位在产品的设计理念与用户体验上，换句话说，律所管理系统的产品设计不仅要跟随律所主任的视角，还要贴合律师服务转型的需求。

二、建设智慧律所信息化系统的措施

在大数据时代背景下，信息技术给法律服务领域带来了巨大的冲击，事务所的信息化、智能化建设需求日益迫切。律所在大数据的冲击下实际也面临着良好的发展机遇，如果可以顺势抓住机遇，业务量必将实现增长，而律师业务、公共业务管理、客户管理、风险控制、财务管理、知识体系构建、人力资源等问题，也给事务所的管理水平提出了很高的要求，信息化建设能够促进事务所各项管理制度顺利落实并执行，降低人为因素带来的执业分线，是未来事务所发展壮大的基础性工程。

那么，如何建设好智慧律所的信息化系统呢，可以从以下几个方面着手：

第一，在数据方面律所要进行"补课"，优先解决数据打通、数据汇总问题，并能够从这些数据中提炼出对事务所经营和律师开拓业务有指导意义的结论，而这点正是法律行业所欠缺的。"数据是律所未来的核心资产，但律所的数据，还散落在每个律师的电脑硬盘里。"这是许多律所高级合伙人的痛点。将文档、数据先安全地管理起来，同时融入更多智能应用，这样，法律人既能知道方向，又能知道路该怎么走。智慧律所更加注重公共业务的开展，事务所汇总大数据，更有利于公共业务的开展。公共业务的开展是打造事务所品牌的重要环节，需要技术的支持。

第二，信息化系统上线能够有效降低事务所的管理压力，减轻管委会的工作负担和决策压力。信息化系统将客观、真实地记录下事务所运营中产生的数据，便于管委会根据数据变化和发展的趋势通盘了解事务所情况，及时调整事务所管理工作思路，并做出正确的决策。

第三，信息化系统不仅仅是管理系统，也应该必须是服务系统，帮助事务所所有使用信息化系统的律师和辅助人员提高效率。这需要不断与律师、技术人员沟通交流，深入了解律师的高频需求，并将其转化成可以实现的技术程序。对于具有一定风险的业务，利用系统的有效监控，对执业风险进行及时、有效的提醒，可以防患于未然。

第四，信息化系统不能只是一个自上而下的管理系统，还应该成为全所律师共享信息和经验的平台。一家业务领域广、地域覆盖全面的大型律师事务所，很多优势都隐藏在内部，大量"隐性知识"不易被发现，这些知识哪怕只有一小部分在平台上"显性化"，也必然会创造出巨大的生产力。

智慧律所将会致力于通过科技去改变传统的律师行业，唯有以科技改造中国律师行业，以信息化武装中国律师行业，才能真正缔造中国律师业的辉煌。

【延伸阅读】

智慧律所关注信息化建设，紧随经济社会发展方向

在中国律师事务所发展的早期，能够愿意在信息化建设上投入的律所只有少数，若创始人缺乏长远眼光和相关海外游学经历，抑或和涉外客户、合作方打交道的经历，在他们看来，律所的信息化建设是没有必要的。这些观念无疑阻碍了律所信息化的进程。

2006年，北京市律师协会对北京市律师事务所进行的相关管理调查结果显示，信息化建设的效用仍十分低下。绝大多数的律师事务所没有购买办公管理软件；只有20%左右的律所能够提供更专业化的业务辅助，如建立资料共享制度。

法律行业的信息化正在快速发展，这种变革在近几年尤为明显。我们可以根据律所管理软件的迭代将中国律所信息化发展分为以下四个阶段。

第一阶段：主要用于降低业务风险，利益冲突检索，工作小时单的填写和统计。

第二阶段：成为综合性的律所管理系统，融合了案件管理、客户管理、人员管理、财务管理功能。

第三阶段：能进行知识管理、文档管理、项目管理，并注重应用系统的数据进行业务分析统计。

第四阶段：朝着智能化、移动化、数据化方向前进，财务体系的健全深入、智能化工具的使用、业务工具一站式获取以及系统沉淀结构化的数据成为智能化发展方向的支撑。

今天的律师事务所应充分利用信息化时代带来的信息建设优势，顺应时

代发展潮流，通过建设网站以及搭建综合管理平台等途径，积极开展信息化建设，从根本上提高管理效率与质量。律所信息化建设不仅是扩大多元业务的需要，还是适应法律服务市场竞争的需要，更是适应行业网络监管要求和自身品牌宣传、对外便捷交流的需要，同样也是律所开展网络营销和整合资源的需要。

律师事务所通过信息化建设，可以帮助律师从繁重的传统模式中解脱出来；应用信息技术进行规范化管理，提高办案效率和质量，可以帮助管理者、行政人员、财务人员、客户等实现不同的管理目的，从而在整体上实现资源的优化与共享，有利于律师事务所树立高效、专业的新形象。

第四节　资产数据化

一、资产管理的重要性

资产管理，不管是对于企业还是律师事务所，都是一项重要的工作。随着计算机技术和大数据的不断发展，资产管理，特别是固定资产管理，都已经有了比较成熟的管理流程和配套的管理软件。

固定资产管理的重要性在于：保护固定资产完整无缺，不断改进固定资产利用情况，提高固定资产的使用效率，不仅有利于企业增大产品产量，增加产品品种，提高产品质量，降低产品成本，还可以节约国家基本建设资金，增强国民经济实力。

企业、律师事务所的固定资产管理是很容易被忽视的一项管理内容，然而固定资产却是企业、律师事务所资产中重要的组成部分，也是其运转的必要条件。

二、固定资产管理存在的问题

管理人员分工不明确、固定资产管理出现脱节现象。实物管理部门、财务部门、资产使用部门之间的相互衔接和制约关系不清楚，有问题互相推诿。购置资产时由于单据传递得不及时，导致实物管理部门账卡与财务部门台账不一致。

资产来源复杂，在资产购置上有集团控股公司购置、有下属二级单位购置、有集团控股公司内部互相调拨、有新建项目投入，尤其是新建项目所形成的资产，由于前期财务部门与实物管理部门沟通得较少，形成了资产台账的不准确性。

职能部门负责人、业务管理人员及资产使用者变动频繁，而资产移交工作未同时跟上，有问题互相推诿。部分基层领导主观上对资产清理不够重视，而资产清理工作既费时又费力，往往做不到位，导致人走后接管人员对资产的来龙去脉不清楚。

资产的计量不够准确。由于历史原因有的房屋和建筑物未办房产证和土地使用证，在面积登记上不准确。

固定资产报废制度不完善，一项固定资产从采购、调拨使用，再到最后的报废，一般都要经过一套规范环节才能正式退出企业的生产经营。大部分律所对固定资产采购、调拨、使用等环节都建立了完善的管理制度，但却忽略了固定资产的报废管理。不少人认为报废的固定资产其价值已在使用中消耗，本身已无多大价值，不是管理的重点。但在大律所中，投资、技改项目多，导致大量的固定资产一次报废，其残值收入金额较大。废旧物资的市场不像产成品市场那样是存在完全竞争的市场，其销售价格没有一个客观的参考标准。很多废旧物资的购买单位都为个体私营的物资回收公司，再加上此环节的内部控制薄弱，缺少相关的相互牵制制度，很容易出现舞弊现象。

编码不统一，导致固定资产实物与账务难以核对。固定资产在购入时，管理部门为了便于固定资产管理往往有一套固定资产的编码，而财务部门为了便于账务处理也有一套自己的编码。两个部门的编码又往往有各自不同的标准。由于两个部门编码不同，在实物管理部门的台账上要查找一项财务账上的资产只能通过固定资产的名称、型号来查找。对于一般的小企业或者小型的律师事务所来说，其资产相对较少可能查找不会很困难，但在拥有几十亿固定资产的大型企业或大型律所中，由于资产品种繁多，查找起来就犹如大海捞针。

综合以上分析可知，固定资产管理问题的本质在于固定资产管理制度的缺陷和管理方式的落后，尤其对于规模庞大的大型企业或者集团性律所来说，由此产生的危害通常比较严重。固定资产是律所资产的核心，是保证律所生产正常进行的物质基础，固定资产在使用过程中，其价值是逐渐转化到律所的产品成本中去的，所以其使用寿命的长短，直接影响律所的运营成本，进而影响律所的经济效益。

【延伸阅读】

什么是大数据？

美国麦肯锡全球研究所给大数据下的定义是，一种规模大到在获取、存储、管理、分析方面大大超出了传统数据库软件工具能力范围的数据集合，具有海量的数据规模、快速的数据流转、多样的数据类型和价值密度低四大特征。

大数据需要特殊的技术，以有效地处理大量的容忍经过时间内的数据。适用于大数据的技术，包括大规模并行处理数据库、数据挖掘、分布式文件系统、分布式数据库、云计算平台、互联网和可扩展的存储系统。

近十年来全球五大企业排序发生了一场剧变，十年前最有钱企业前 5 名为：埃克森美孚、通用 GE、微软、花旗、美国银行，一家石油企业、一家制造企业、一家软件企业、两家银行；而今天最有钱的企业依次是苹果、谷歌、微软、亚马孙、Facebook。这说明了什么？短短十年，互联网企业成为最有钱企业，过去那些石油、制造业和金融行业的价值在快速地相应衰退。为什么石油企业在衰退？为什么互联网企业的价值在快速成长？这就需要我们探讨这个话题——"企业数据资产管理"，也就是说"谁的企业数据资产管理得好，谁的企业将来就会比别人的值钱"。

律所运营也是一样，如何将现有资产利用大数据进行优化管理、分类规整至关重要，而且，数据资产库一旦建立起来就会形成一个良性的循环，不管是对于律所或者企业来说都是一个可以快速提高效率的方式。

大数据应用起源于互联网，正在向以数据生产、流通和利用为核心的各个产业渗透。传统领域利用大数据主要以行业和机构内部数据为主。数据分析与优化是一个与业务目标紧密结合的持续优化过程。根据律所发展定位和业务目标，了解自身的短板和需要提升的领域，这个过程是一个循环的过程。所以我们要利用好数据的价值，以挖掘内外资源、寻求智慧模型、形成高效管理。

三、建立以数据为基础的律所资产管理模式

律所资产数据大准则：①律所信息资源越来越重要，决定未来命运，成为律所未来发展的生命线，无数据，无未来；②数据重在使用，在分享中实现增值；③重视数据基础工作，数据元标准化是前提；④数据与系统分离是趋势。

信息体系构建逻辑：最底层应该是数据元，应实现标准化；数据集要高质量，数据不是脏数据；数据目录应该是灵活动态的，可以调节、调整、编辑、加工，能够实时反映数据关系；信息体系应该"强、健、壮"。新的信息体系，可以保障数据灵活地映射、关联、调用、管控、应用。

四、大数据在律所财务管理工作中的作用

促进律所财务管理信息的挖掘。随着全球经济一体化趋势的日益明显，律所面临的内外部环境也发生了较大的变化。财务管理信息也随之更新，因此律所需要能够快速响应并通过技术创新来获得内外部的财务管理信息情报，从而构建一个更具竞争力的战略决策体系。在大数据时代背景下，律所获得财务管理信息的主要途径除了传统的财务报表外，还可以利用大数据技术，从业务数据、客户数据等方面挖掘更多的财务管理信息。以计算为核心的大数据处理平台可以为律所提供一个更为有效的数据管理工具，提升企业财务管理水平。

提升财务管理信息的准确度。在前大数据时代，财务报告的编制以确认、计量、记录为基础，然而由于技术手段的缺失，财务数据和相关业务数据作为企业的一项重要资源，其价值并没有受到应有的重视。受技术的限制，有些律所并未及时、充分地收集数据，或者数据分类标准存在差异，导致数据整合利用难度大、效率低，相关财务管理信息不准确、不精准，大量财务管理数据在生成财务报表之后便处于休眠的状态。但在大数据时代由于技术的发展，律所高效率地处理整合海量数据成为可能，而且由于大数据技术所要求的规范化、标准化，大量财务管理数据的准确性得以提升。

促进企业财务人员角色的转变。此前，财务人员只能通过对报表数据的分析为管理者提供决策的依据。随着市场竞争的加剧，基于财务报表的数据分析只能为管理者提供有限的信息，管理者越来越不满足于纯粹报表信息。但在大数据时代，财务人员面对的是不同维度的海量财务数据，而且数据之间的因果关系链更完整。同时，大数据技术能够帮助财务人员破解传统 Excel 分析难以应对的数据分析难题，透过那些看似普通的数据，财务人员可以在数据分析过程中更全面地了解企业的现状及问题，更及时地评价企业的财务状况和经营成果，从而揭示经营活动中存在的矛盾和问题，为改善经营管理提供根据明确的方向和线索。

【延伸阅读】

大数据时代，如何提升数据资产管理价值？

大数据资产管理是对传统数据管理的扩充和升级，通过降低企业数据使用的成本，提高以数据指导管理决策的效率，数据资产管理已然成为大数据时代企业竞争力的重要来源。

云计算、物联网等技术快速发展，数据总量呈现出指数型的增长态势，

数据来源也越来越多样化，大数据的概念开始进入公众视野。在"互联网＋"行动计划、大数据发展行动纲要、"中国制造2025"等政策的推动下，中国企业纷纷开启数字化转型之路，大数据由概念走向落地。现如今，大数据已经不再被视为一种新兴技术，而是被广泛应用于精准营销、金融风控、供应链管理等诸多实践领域中。

大数据时代下非结构化数据呈爆发式增长，对数据加工的复杂度和速度要求更高，传统的数据管理已经无法适应当下企业对数据管理的需求。大数据资产管理是对传统数据管理的扩充和升级，通过降低企业数据使用的成本，提高以数据指导管理决策的效率，数据资产管理已然成为大数据时代企业竞争力的重要来源。

数据资产管理是规范、控制和提供数据及信息资产的一组业务职能，包括开发、执行和监督有关数据的计划、政策、方案、项目、流程、方法和程序，从而提高数据资产的价值。数据资产管理面向数据的全生命周期，其核心思路是将数据对象以资产的标准和要求进行管理。

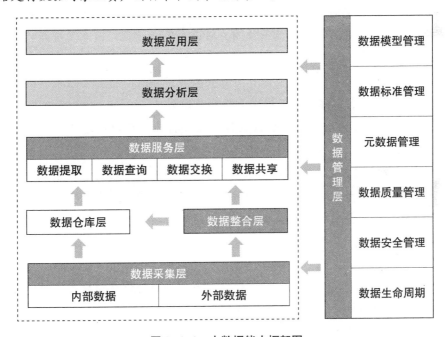

图 2-4-1　大数据能力框架图

如图2-4-1，在数据资产管理的能力中，数据管理层为大数据从采集到应用提供辅助支撑，由早期以元数据和数据模型为核心的数据治理向数据安全管理、数据生命周期等能力拓展。随着数据源日益丰富，数据采集层逐渐成为大数据能力框架中的单独层次，通过数据资产管理平台，企业既能够获

63

得离线和实时的内部数据，又可以获得互联网公共数据和第三方数据。数据仓库层基于传统数据仓库技术，提供数据集市的构建、公共数据的汇总等能力；数据整合层则需要依赖数据资产管理所提供的大数据技术，实现离线数据整合与实时数据整合。数据服务层重点解决数据本身的问题，包括提供数据查询接口、数据交换和数据共享等能力。大数据的价值最终体现在数据的分析和应用过程中，因此数据资产管理是大数据分析和应用的前提条件。

通用型大数据产品是现阶段发展的重点。大数据市场上存在着通用型和定制型两大类产品。通用型大数据产品要求具备抽象能力，提供普适性的处理和分析功能，典型产品如数据资产管理、数据挖掘、数据分析、数据可视化等。通用型产品的使用门槛相对比较低，能够以较低的成本获得大量的用户群体，通过规模效应实现数据产品本身的增值。随着企业用户对大数据应用和需求的增加，通用型大数据产品会在短期内取得快速发展。

随着大数据产品与诸多应用场景相结合，大数据应用的爆发催生了定制化的大数据需求。定制化产品是基于用户的最终需求，如行业特性、业务流程、数据情况等，制定的符合用户实际情况的解决方案。定制化大数据产品由于更加贴合用户自身的特点，能够给用户带来更高的效益，因此其后续的升级和扩展会比较顺利。但定制化大数据产品的研发周期长、成本高，对产品提供方的开发水平有非常高的要求。部分大数据厂商针对行业共性提供面向行业的定制化产品，以增强企业的差异化竞争能力。

自 2012 年以来，中国大数据软件和服务行业市场规模增长迅猛。如图 2-4-2，2016 年，大数据软件市场规模 72.6 亿元，同比增长 47.7%；大数据服务市场规模 41.5 亿元，同比增长 51.1%。软件市场占比高于服务市场的原因是用户更习惯于软件许可授权的付费模式。企业逐渐认同数据作为无形资产存在的价值，并意识到大数据对企业发展的重要性。信息化建设相对完善的金融和电信行业同样是大数据领域的先行者。面对互联网金融的冲击，金融机构积极通过大数据分析来进行客户管理、营销管理、风险管理以及内部的运营优化；移动流量的激增对电信运营商实时的数据处理能力、网络优化能力等提出更高要求，其大数据应用主要集中在流量运营、精准营销等领域。此外，政府和传统制造业也在积极加强大数据建设，与各行各业的结合让大数据的应用场景越来越丰富，推动了大数据产业规模的增长。

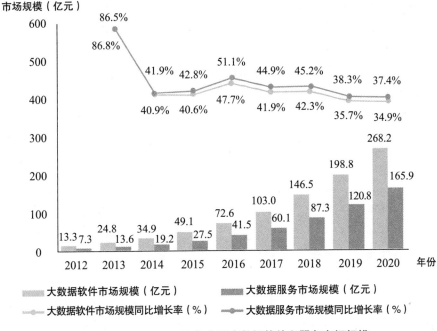

图 2-4-2　2012—2020 年中国大数据软件和服务市场规模

大数据产业的繁荣带动对数据资产管理需求的升级。一方面，数据加工的复杂度和速度要求增加，另一方面，数据交换、转让、租赁、交易等创新模式出现。企业不断暴露出系统烟囱化、数据碎片化、管理标准缺乏、价值变现困难等问题，传统的数据管理方式已经很难适应大数据时代的需要。数据资产管理通过集中整合企业内外部数据，建立标准化的数据管理体系，既降低了企业数据使用的成本，又提高了以数据指导管理决策的效率。同时，数据资产管理的深化为整个大数据产业的良性发展奠定了基础。数据资产成为企业的核心战略资产，为数据交易市场提供了广阔的发展空间，高质量的数据反过来又促进了大数据应用及后续商业价值的实现。

未来四年，大数据软件和服务市场将继续保持高速增长。考虑企业服务付费观念的形成，大数据服务市场的占比会逐渐增加，增速会略高于软件市场。预计到 2020 年，大数据软件市场规模将达到 268.2 亿元，年复合增长率 38.6%；大数据服务市场规模将达到 165.9 亿元，年复合增长率 41.4%。

大数据软件和服务行业发展方向：数据资产管理、数据可视化、机器学习。

①数据资产管理。互联网等新兴行业对大数据的运用已经不再限于以数据辅助决策，而是可以更加直接地从大数据当中获取收益。数据变现价值的加速显现让数据管理的重要性日益凸显，作为大数据应用和变现的必经渠道，数据资产管理市场未来将处于快速上升阶段。

伴随着企业内部业务区隔的划分与数据量的高速膨胀，海量分散的数据加大了数据资产利用和管理的难度，企业外部业务所产生的数据与内部核心数据不能够很好地融合。采用数据治理的手段，企业能够消除数据的不一致性，建立规范的数据标准，提高数据质量，进而发挥数据资产的商业价值。数据治理涉及元数据管理、主数据管理、数据质量、数据集成、监控与报告等方面，其中元数据管理是数据治理成功的关键。

大数据时代数据资产的安全问题变得越来越重要，数据泄露不仅会造成数据资产的流失，还可能会威胁公司的生存。大数据技术的发展导致传统以防御为核心的安全策略无法应对时代变化，信息安全显然是现阶段数据资产管理当中的重要课题。同时，大数据的应用给隐私保护带来了更大的困难。在保留原始特征的基础上改变数值的数据脱敏技术，既可以避免敏感数据未经授权的访问，又能够允许企业进行相关的数据处理和分析，正在成为数据资产管理中的一项核心内容。

②数据可视化。数据可视化可以降低大数据的使用门槛，让大数据走向平民化。随着大数据产业发展的不断深入，企业对大数据的需求已经不再停留于对历史数据的处理和分析，越来越多的企业开始实时动态地处理数据。大数据的可视化也会顺应这一发展趋势，由静态的历史数据呈现，转向能够获取实时动态数据的交互式可视化。

③机器学习。机器学习是大数据软件和服务行业向下一阶段发展的关键词。大数据和机器学习的关系是相互依存和促进的：一方面，机器学习是数据挖掘当中的重要工具；另一方面，大数据应用可以提升机器学习模型的准确性。当前机器学习技术不断取得突破，未来的大数据产业势必会与机器学习深度融合。运用机器学习不仅能够帮助企业减少人力资本的投入，快速有效地对海量数据进行处理分析，还可以让大数据在预测分析方面发挥出巨大的作用。尽管目前企业在大数据预测分析方面的应用还比较少，但是预测分析的确能够为企业带来实际的效率提升和效益增加。以大数据风控为例，机器学习技术在自动化审批、区分精准度、开发效率等领域比传统的风控统计方法更有优势，未来将会给金额风控领域带来全新的技术变革。

第五节　会议远程化

一、远程会议系统

　　会议是政府部门传达和贯彻政令的一种不可或缺的传统方式，是政府工作中非常重要的一个环节。办公会、报告会、碰头会，等等，名目繁多，无法统计。长期以来，文山会海成为行政痼疾，浪费公共财产和时间成本，影响执法治理形象的同时，效率也非常低下。近年来，党中央、国务院三令五申，要求精简会议和文件。地方政府也纷纷出台文件，明确要求切实精简会议，少开会，开短会。

　　视频会议作为一种高效的远程通信工具，可以通过网络将身处异地的各个参会方集中在一起，实现音视频通信、数据交互、远程共享和协助等多方式的交流。因此，视频会议在政府机构的普及率越来越高。

　　一直以来，网络视频会议都只是大公司特别是跨国企业享有的高效沟通方式，而律所在这方面一直没有进行大范围的使用，不是因为律所没有远程会议需求，而是高昂的费用和复杂的培训让他们望而却步，远不如采用其他沟通方式来的廉价。

　　在新商务时代，最宝贵的就是时间，讲究的是如何更加高效协同，解决问题。在今天，传统拖拖沓沓的开会模式已经不满足时代需要，更加智能化的办公会议解决方案不仅是企业刚需，还是律所的刚需。毕竟，再好的方案、再强大的实力，如果因为会议系统的小问题而施展不开，实在是得不偿失。

　　智慧律所采用的滴慧商学智能会议系统利用互联网技术，通过滴屏链接，可以系统解决远程会议、远程会诊、远程培训三大问题，帮助律所极大地提升工作效率，改变固有的工作模式，逐步实现信息化办公，具体表现在以下几个方面：

　　①视频会议远程视频会议功能，能够消除时间、空间差异，随时随地实现远程交流，告别烦琐的传统会议模式。

　　②视频会议应用只需通过互联网就能代替人员的流动，实现视频和声音图像的稳步传输，达到远程信息的高效交互的目的，让不出行成为可能。

　　③运用视频会议优化律所信息沟通模式，能加快信息传递速度，缩短决策周期和执行周期，减少时间成本，节省律所内部培训、会议等成本费用。

　　④应用视频会议系统后，在开源节流的同时，还能提升律所整体运营效率，减少差旅费、通信费等费用，成就绿色办公，令律所无须再受"高油价"的困扰。

随着网络云计算技术的发展，云会议的概念逐渐被人接受，成了中小律所和中小企业也能用得起的开会方式，滴慧商学会议系统的出现更有望彻底颠覆远程会议被大企业独享的局面。它突破了传统会议空间上的局限性，打破了传统远程会议对硬件设备高要求的限制，开创了简单易用、快速便捷、稳定可靠的网络会议新模式，极大地降低了律所远程会议的成本，真正实现了高效办公。

远程视频会议系统呈多元化发展，它有着举足轻重的地位，经过多年的发展，远程视频会议系统的技术水平已得到进一步提高，在未来发展道路上，远程视频会议系统将会呈现创新、亲民的发展趋势。

目前视频会议的使用者都是用户的各级领导，许多会议也涉及保密性问题，因此对于系统的稳定性及安全性的要求很高，滴慧商学远程视频会议系统具有稳定性和安全性，为远程会议提供了安全保障。相信视频会议在今后的发展中，会在稳定性及安全性方面有更加出人意料的设计。

当前的远程视频会议系统功能固然强大，但弊端就是不易携带，接入步骤烦琐，其对运行环境也有较高的要求。随着移动互联网的发展和移动宽带的普及，人们也许希望能够使用自己的设备灵活地参加会议，这样不但能够提升效率、降低成本，还可以降低能耗。

【延伸阅读】

远程培训、远程会诊

——让律所管理更加系统化

滴慧商学智能网络会议系统界面清爽简约，操作简单易懂，不需要烦琐的培训，一键点开对方会议室链接就能进入相应界面。通过视频显示可以看到与会者的视频图像；通过演示文档可以打开自己的文档并给与会者观看；通过屏幕共享，可以让与会人员看到共享者的屏幕，实现资源互通共享。

很多分所的律所主任经常要出差到总部去学习或者开会，由于要花费非常多的时间，因此身心疲惫，影响学习效果，而律所内的律师也得不到更高效的培训学习的机会，远程培训可以打破时间、空间的限制，实现总所与分所的实时互动和交流，保证信息可以随时共享，有新的通知就可以通过智能滴屏来通知各个分所，非常快捷和便利。

智慧律所通过滴慧商学的大屏链接，集视频交互、音频交互、电子白板、文档共享、屏幕共享、远程控制、远程协助、文字交流、媒体共享、资料分发、会议录制等多项功能于一体，可以轻松实现以下几个功能：

①多重测算的智能导播技术。采用老师运动检测算法、学生运动检测算法和PPT翻页检测算法，智能地进行自动录制导播。当讲师讲课时图像显示老师单画面；当讲师与培训人员互动时，图像显示讲师与本地培训人员的合成双画面。

②基于图像分析的跟踪拍摄。无论培训时讲师是在快速走动还是在画板上书写文字，系统均能准确无误地采用不同策略自动变焦跟踪拍摄，整个拍摄过程讲师与培训人员不需要佩戴和操作任何设施，画面连续、稳定、平滑，输出非常稳定。

③提供多种不同清晰度的画面。可以提供多种不同清晰度的画面，能适应不同的网络条件。录制课件除在本地录播服务器直播外，也可自动上传至省各级资源管理发布平台，能够实现在平台的统一大规模直、点播。通过会议录制功能，可以把整个会议过程录制成常用的视频文件，方便会后进行回顾；在录制之前，还可以设置录制区域、录制优先选项，等等，录制出自己满意的效果。

目前，已有许多律所借助智能会议系统实现了转型升级。身处异地的律师可以通过电子白板、屏幕共享、电子投票等多种数据共享功能，轻松实现异地培训，没有舟车劳顿，不受时间空间限制。随时组织培训不仅大大地节约了总部与分所的沟通成本，还提高了培训效果。

二、远程会议系统对律所未来发展的作用

如今，律所与律所之间都已习惯通过网络视频会议系统来解决沟通难题。这样不但帮助律所节省了时间和差旅费用，而且还能让律所及时解决问题。随着智能手机、平板电脑、车载终端、笔记本电脑等的广泛使用，视频已融入人们的生活。网络视频会议系统未来的发展前景可观。

视频会议专家分析认为，中小律所和企业以及个人家庭对视频会议需求的不断提升将加速视频通信向消费领域的转型。长期以来，视频通信的普及一直收效甚微，与普通大众的"亲密接触"将促使其迅速走下神坛，成为真正的信息沟通工具，而不仅仅是一个高科技的符号。

与政府及大型企业不同，无论是中小律所、企业还是个人家庭用户都不具备专业的知识，过于复杂的操作会无形之中增大应用成本。在中低端市场，除成本外，网络视频会议系统的易用性也让人们倍加关注。视频通信向掌上设备延伸，复杂系统简单管理成为业内公认的发展潮流。

远程视频会议软件已经不再是单纯的信息沟通工具，而是开始融入行业操作流程，成为行业的重要组成部分。在诞生之日起，视频通信就是高效、

便捷的代表，所以过于复杂的操作会加重普通大众的使用负担，造成使用效率的低下，这与其最初的应用理念显然是不符的。如在目前大火的远程医疗应用中，应用的主角是医生和病患，他们不可能具备非常专业的知识，复杂的操作只会降低视频通信的实用价值。

随着网络视频会议系统成本不断降低，一些律所和企业对成本费用的控制的要求不断提高，视频系统将会成为中小律所和企业解决远程沟通问题的重要途径。随着社会的发展和科技的不断进步，中小律所和企业为了更好地发展，也开始将视频会议作为沟通交流的方式之一。因此，中小型律师事务所使用网络视频会议系统的市场容量将呈现大幅度增长态势。

远程视频会议系统是时代进步的体现。对于发展中国家而言，网络视频会议系统的前途无限宽广。

【延伸阅读】

"人工智能＋法律"暨全国智慧律所与智慧法院对接落地峰会成功举办

2018 年 4 月 27 日，为期两天两夜的"人工智能＋法律"暨全国智慧律所与智慧法院对接落地峰会圆满结束。如图 2-5-1，来自全国各地的 200 多名律师事务所主任共同参与了此次峰会，就中小律所当下的困境，人工智能带来的冲击，律所管理如何实现智能化、信息化、规范化、数据化等问题进行了深入的交流和研讨。

图 2-5-1 智慧律所主任进行深入的交流和研讨

会上，北大法商课题组组长、滴慧商学创始人高度强老师从当前中小律所普遍面临的管理难、留人难、续费难、产品难、传承难等十大困境入手，对律所的管理模式、产品的定位和创新、人才的保留和发现进行了深度剖析，并提出了可行性解决方案。

图 2-5-2　北大法商课题组组长、滴慧商学创始人高度强

如图 2-5-2，高老师认为，现在律所的诉讼模式是一生一次的模式，要将一生一次的模式改成一生一世的商业模式，律所主任应拿出 50% 的时间做管理，学习如何开店，服务好律师。公司的管理核心是运营，管理律所管的是运营流程，这是解决人留不住的切入口，开拓的业务应放在律师事务所身上，而不是单个律师身上。

管理要复制，产品要创新。市场不以你的意志为转移，能否主动出击取决于能否研发出市场需要的产品。应从企业需求中找到同类项，找到共同地方，服务于共同需求，现在任何一家企业都只是在为部分客户提供部分产品和服务。

自国家下达建设"智慧法院"的政策方针后，一场"互联网+"的法律服务革新被新技术顺势引爆，一种新的法律服务模式正在酝酿当中。

高老师认为，把法律的思维用在传统管理上，就是法商管理，企业家应拥有法商思维，他们的责任一是制定游戏规则并执行，二是进行产品创新。人工智能给了大所和小所同样的机会，即利用闲置资源来解决律师开拓市场的问题。

图 2-5-3　华宇元典咨询总监吕江涛

如图 2-5-3，华宇元典咨询总监吕江涛律师浅谈了当下人工智能对法律市场的攻击。自主建设推动难度大，研发成本高，数据收集难，知识沉淀难等都是律所当下面临的困境。只有活数据才有价值，信息化、数据化是律所摆脱当前困境的关键。

智能化、自动化、创新化是这个时代发展的趋势，人工智能是这个时代最伟大的工具，从法律咨询机器人、人工智能律师到智能判案等不一而足，法律行业的变革箭在弦上，越来越多的律师事务所意识到了这场竞争，开始拥抱变革，尽力改变当下面临的困境。

第六节　各端连通化

一、智能终端的应用与发展趋势

近年来，在多学科交叉融合创新的推动下，智能手机、可穿戴设备、虚拟现实设备、车载智能终端、无人机、服务机器人等智能终端产品如雨后春笋般涌现出来，变革着人们的生产和生活方式。

智能终端指采用独立开放式操作系统，能够加载和卸载第三方应用程序，具有接入移动互联网能力的终端产品。智能终端具有两个重要特征：一是具有独立开放操作系统，用户通过加载和运行第三方应用软件可达到扩充功能的目的；二是智能终端更加注重用户体验，其应用围绕提升用户体验展开，整体设计也更加人性化。以车载智能终端为例，它具备导航、娱乐、车辆故障诊断等功能，目前已在汽车领域得到了广泛应用，为人们提供了更好的驾乘体验。

智能终端产业链包含智能终端生产商、操作系统提供商、应用程序开发商、内容提供商等。智能终端生产商为智能终端提供系统硬件等，直接面向消费者市场。操作系统是智能终端的核心，对产业生态发展起决定性作用。芯片厂商、智能终端厂商和运营商，都将操作系统作为提高其产品竞争力的重点，不惜投入巨资进行开发。内容提供商完成数字内容的制作或应用程序的开发，运营商完成面向消费者的内容集成。运营商包括应用程序运营商、数据服务运营商、音视频服务运营商和即时通信运营商等。

用户使用智能终端的过程，本质上是人与机器交互的过程。因此，网络通信、大数据、人工智能、虚拟现实等新一代信息技术的发展，必将有力推动智能终端产业的发展，从而形成更加复杂的产业生态系统，带动人类社会进入智能时代。

二、法律服务终端机的作用

（一）法律服务终端机在公众群体中发挥的作用

早在 2015 年，国内首台 24 小时诉讼自助服务终端机就已在福建上线，随后在全国各省普及，只要动动手指，在屏幕上轻点几下，就能够享受各类法律解答和预约上门服务，包含司法行政服务内容中的"法律援助、人民调解、社区矫正、公证办理、律师信息、法律咨询"等 6 个服务项目，群众可通过终端机上的项目，查阅相关规章制度与办理流程，在咨询版块中获得免费的法律服务。与此同时，还可以实现将不同社区的律师与公共法律服务终端机无缝接驳，通过"在线法律咨询＋真人律师"相辅助的服务模式，为社区居民提供"婚姻家庭、交通事故、劳动用工、工伤赔偿、借贷纠纷、遗产继承"等民事专业的法律服务。自助终端大多落户在人员比较密集的地区，所以也是一个便捷的普法平台，对于公众普法可以起到非常积极的作用。

法律服务终端机的作用还体现在可以让贫困地区的公民及时享受到法律服务，特别是法律援助，有些法律问题如果不及时解决很可能造成不良事件的发生。法律服务终端机可以实现在线视频通话，公民可以免费向线上法律顾问进行咨询，还可以触屏进行学习、查阅普法视频和各类法律知识等。

【延伸阅读】

全国首台 24 小时诉讼自助服务终端机在福建上线

2015 年 5 月 13 日，当事人小谢来到福建省闽侯县人民法院上街人民法庭，在诉讼自助服务终端——"ITC"前进行了身份识别。随后，他点击进入"办案"模块的"文书打印"界面,选择了他在厦门市思明区人民法院的一起案件。几秒钟的功夫,小谢就拿到了这份盖有厦门市思明区人民法院红色印章的判决书。他难掩兴奋地说:"不用长途驱车到厦门走一趟,这真是太方便了。"

"ITC",即智慧法院的英文简称,它将为诉讼当事人和社会公众提供裁判文书打印送达、案件查询、立案信访预约以及电子阅卷等功能。

将自助服务的理念运用到诉讼中,是否可行?效果如何?作为福建省高级人民法院确定的"智慧法院试点单位",福建省闽侯县人民法院把"互联网+"思维运用到司法服务工作中,历经数月、自主研发了全国首台24小时诉讼自助服务终端"ITC"。

福建省高级人民法院下派到福建省闽侯县人民法院挂职的法官张旭东告诉记者:"我们的灵感来自银行ATM机、医院的自助终端设施。这个终端机,将从根本上解决法院服务对象受时空限制的问题,避免外地老百姓来回奔波之苦。"

"就像任何一台银行的ATM机一样,有了'ITC'之后,民众办理诉讼业务不一定要到受案的法院,只要在就近的'ITC'上即可办理。"福建省闽侯县人民法院院长陈绍榕介绍说,在"ITC"的支持下,诉讼当事人和其他参与人通过身份认证后,既可将诉讼须知、审判流程等基本信息服务"一机搞定",也能选择离他最近的服务网点办理远程预约立案、查询案件进展情况、直接打印法律文书等诉讼非亲历性事务。

未来,当事人还可将立案证据材料等拿到"ITC"中扫描,以完成提交电子材料的手续。社会公众还将像订电影票一样,订制任何一场公开庭审的旁听证。

此外,"ITC"还专门开通了律师专门通道,这对经常要辗转外地开庭办案的律师群体而言是一大"利好"。福建省秉峰律师事务所律师丁永峰形容自己以前到外地开庭的状态,"不是在法院,就是在去法院的路上"。最令他头疼的就是来回跑。"一个案子,从立案、举证、开庭到领取判决书,跑上个三五趟是常事。如今有了'ITC',极大提高办案效率。"

据介绍,与法院政务网站相比,"ITC"更具有网络安全性,且具有全天候、全流程、智能型的特点。福建省高级人民法院将福建省闽侯县人民法院作为试点,适时在全省法院诉讼服务中心、人民法庭以及乡镇基层单位安装配置"ITC",并与福建法院已有的司法公开三大平台以及政务网站、官方微博微信等互为补充、各展所长,从而构建起独具福建法院特色的开放、动态、透明、便民的阳光司法机制。

（二）法律服务终端机在智慧律所中发挥的作用

法律服务终端机不仅为社会公民带来了极大的便利，同时随着互联网的发展，很多律师事务所也引进了智能终端机，同时这也是打造智慧律所必不可少的一点。法律服务终端机在智慧律所中发挥的作用如下。

首先，会议智能化，省去了人力成本。通常开会之前会涉及通知的下发、人员的召集、资料的整理等各类会议所需的准备，智能终端机可以轻松实现信息显示，参会人员的姓名、所属部门、到达的时间等会一目了然，使用触控式签到，后台自动记录签到者和签到时间，不用再人工核对参会人员信息；同时还具有智能呼叫的功能，还可以实现文件管理，全面管理会议文件夹，管理会议所需的资料；智能终端也同步具有会议计时的功能，可以自定义编辑时间，支持各国文字、字体、字号和字体颜色设置与显示，满足了国际型律所的需求，同时还具有字幕功能，等等。这些功能对于平时工作都比较忙的律师来说，极大地节省了会议时间并提高了工作效率。

其次，办公智能化，极大提高了办公效率。智能终端机能够满足律所日常办公的所有工作需要。①上网功能：内置浏览器，可阅读新闻、搜索资料，随时随地移动办公。②信息收发：自带 AUR 输入法，可实现点对点、点对多即时消息发布及通知。③省电功能：支持调节屏幕亮度及关闭背光，进而达到省电和保护眼睛的功能。④高效电能：选配高容量聚合物锂电池，性能稳定，可超长时间持续待机。⑤智能电源管理：动态显示当前可用时间。⑥日期和时间：即时显示当前日期和时间，与控制主机时间保持同步。⑦传输方式：基于 TCP/IP 网络管理，超 5 类或超 6 类以太网传输，布线简单方便。这些功能可以使传统的办公模式转变为智能化办公，加快传统律所向智慧律所的迈进。

最后，实现律所品牌最大化。智能终端机除了能提高日常办公的效率，也对律所品牌展示起到了巨大的作用。通常当合作伙伴或者领导到律所参观的时候，大部分律所都没有一个很好的展示平台，而智能终端机彻底帮助律所解决了这个问题，智能终端机具有图片展示和视频、音频播放的功能，支持高清图片和多种视频格式，支持音频文件播放；同时还可以随时调整显示界面，可以选择远程集中控制模式，也可以实现群组控制、单点控制。这些功能对于律所品牌的提升具有很大的作用，所以智慧律所将重点打造智能终端，实现全方位发展。

【延伸阅读】

中国终端智能化行业发展趋势分析

终端设备一路走来经历了单片机、PC机、ARM、智能手机和平板的时代，语言和算法也从简单汇编、C语言、Java发展到了神经网络算法阶段，现在的智能终端已经在芯片和存储的发展推动下具有了强大的算力，图形处理器、现场可编程逻辑阵列、专用集成电路都将越来越多地应用于终端芯片，闪存的快速发展也使得终端存储的容量和性能更优。

目前适合用于处理神经网络算法，能够满足人工智能需求的计算平台有图形处理器、现场可编程逻辑阵列以及专用集成电路等。

图形处理器有大量的核（多达几千个核）和大量的高速内存，最初被设计用于游戏、计算机图像处理等，后被发现擅长做类似图像处理的并行计算。图形处理器擅长海量数据的处理，能平行处理大量琐碎信息。

现场可编程逻辑阵列不受固有架构的影响，每一个算法的实现都可以"定制化"。所以在可以利用并行加速的人工智能算法中，只要设计人员采用并行计算等技巧对运算进行加速，现场可编程逻辑阵列就可以实现目标功能。现场可编程逻辑阵列中的大量门电路全部都可以被用来作为计算单元。

专用集成电路就是专用集成电路芯片，是为了某一类需求而特别定制的芯片。与现场可编程逻辑阵列相比，专用集成电路一旦确定电路结构就不能再改变，算法是固定不变的。这样定制的芯片对于某一特定的算法效率更高，功耗也更低。但是缺点也显而易见，算法一旦改变，原有的芯片就不能再使用了。芯片出货量越大成本越是低廉。所以，对于成熟的算法，芯片需求量大的场景专用集成电路是非常适合的。

这三类硬件系统各有优劣，而且使用场景不同。图形处理器从图形处理领域逐渐进军智能驾驶、图像识别等人工智能领域。现场可编程逻辑阵列一次性成本低廉，目标市场是企业军工市场。专用集成电路一次性成本很高但在量产的情况下可大大降低成本，适合于消费电子市场。

【延伸阅读】

唯快不破的新型闪存技术

智能摄像头、智能音箱、智能手机大多数的嵌入式设备都能看到闪存的身影，闪存的存储单元是场效应晶体管，是一种受电压控制的三端器件，相比于传统机械运动的磁盘有着速度快、带宽高、体积小和能耗低的特点，非常适合应用于嵌入式智能系统。目前多数应用于嵌入式系统的闪存一般为16—64GB 闪存标准 eMMC，未来有向闪存标准 UFS 发展的趋势，速度也将直逼系统级闪存标准 SSD。从存储介质来看，性能的提升是必然的趋势，未来发展的 3D Xpoint 和相变存储技术将在耐用性和速度上有一个 1000 倍的提升。

闪存在智能终端的使用已经比较普及，主要的原因是其具有体积小、速度快、能耗低和带宽高等特点，其还可以在更加复杂的环境中应用。传统的冯诺依曼架构在数据的传输上消耗的时间较长，未来的神经网络算法将打破传统的冯诺依曼结构。性能更高和价格更便宜的闪存技术在未来将替代部分内存功能，实现计算和存储的融合。

终端设备智能化是未来的发展趋势。在大数据时代，数据中心是一切计算的核心，每时每刻都有海量的数据在云端进行不同的计算处理再传输到世界的各个角落，现在人工智能的发展更是离不开海量的数据和具有强大计算能力的硬件平台。然而，爆发式增长的数据对数据传输和存储的要求越来越高。通过嵌入式计算平台，将终端设备不断智能化，使之在本地可以进行全部离线计算或者部分计算是未来人工智能发展的趋势。

第七节　服务智能化

法律机器人可以实现法律服务的智能化。

一、法律机器人诞生的背景

法律是一个古老的行业。古罗马法学家乌尔比安曾说，"法乃善良正义之术"。这代表了人们对法律的美好期许。然而，在网络普及、数字技术广泛应用的今天，人们正在进入成熟的信息社会，法律这个行业却俨然有些落后了，暴露出了很多问题。

法律行业未来二十年的发展主线一定是围绕着人工智能和大数据，机器人和人工智能将成为法律系统的主要进入点，主导法律实践。邮件、云存储、数据库等网络工具极大影响了法律人的工作方式，但这远远不够。现在，机器人和人工智能已经在重塑法院系统，这是智慧法院的概念；律师可以借助法律大数据分析，实现更精准的诉讼；法律机器人可以向普通民众提供法律援助和公共法律服务，这是智能法律咨询；等等。未来，这样的趋势还将加强，机器人和人工智能在法律服务的提供过程中将不可或缺，无论是消费者，还是法院、律所等法律机构，都将和这样的系统打交道。而且，未来的法律机构的一个核心能力将是，利用人工智能算法在云端处理法律大数据。

法律机器人在这样的大背景下应运而生。

在中国这个拥有 14 亿人口的国家，只有三十几万律师，平均 5000 人一个律师，我国法律服务供给资源严重不对称。

为什么很多人打官司不愿意请律师？多数是因为经济问题。律师打一个官司最少也要收费 5000 元，但是很多客户不愿意出这么多钱。律师不愿做小案件法律咨询的原因是成本高，如果要把这个市场做起来，就必须借助工具——也就是人工智能，它可以帮律师做法律咨询并迅速给出报告，也不用耗费律师太多时间，大大降低了咨询成本。

新的时代对法律服务行业提出了新的要求，特别是当前的成长型律师事务所，应该抓住人工智能的机遇，乘借人工智能的大潮，让律所更加标准化和信息化，让律师变得更强，创造更多有价值的工作，用更大的创造力增强法律服务的能力，提高律所核心竞争力。

二、法律机器人应用的领域

打造智慧律所的一项必备"武器"就是法律机器人，目前国内有一部分律所已经具备比较信息化的办公设备了，不仅如此，虽然需要人际交流和互动的法律任务现在还很难被取代，但其中的很多法律任务现在都可以由机器人和人工智能系统来做，虽然现在还较为初级。所以人们会说，在法律行业，率先失去饭碗的将是律师助理和初级律师，这不无道理。

这样的法律机器人的应用目前主要集中在五个领域，但还在向其他方面发展。

其一，智能检索，将法律人从重复性的、烦琐的法律检索中解放出来，大家比较熟悉的可能是人工智能律师 Ross，其实还有更多。

其二，文件自动审阅技术在合同分析、尽职调查、电子取证等领域都大有用处，可以大大节约成本和时间。所以我们看到，国外好多大型金融机构都说要解雇专职律师，部署这样的系统。

其三，文件自动生成让法律格式的使用更加高效，更加智能，此技术已被很多法院和律所采用。

其四，智能法律咨询，这是如今比较火的，各地司法局纷纷推出公共法律服务机器人，提供便民的法律咨询服务。

其五，案件结果预测，有研究表明，人工智能系统对欧洲人权法院判决的预测准确率已经高达 79%，准确率可完胜专业律师。

无疑，目前的法律人工智能的优势在于数据处理、分析以及预测等，在这方面，法律人工智能技术在大数据、算力、算法的推动下，只会不断提高，越来越好。

【延伸阅读】

机器人真能像法律人一样思考吗？

2015 年 5 月，英国博闻律师事务所的律师向他们研发的合同机器人发出了第一个指令：处理在线文件的审阅。两秒钟后，合同机器人提交了首批资料分析结果，这是专业律师团队大约几个月的工作量。可以说，国外的法律人工智能已经实实在在地威胁到了法律人的"饭碗"，那么，这一威胁对中国法律职业者而言还遥远吗？

具备了大数据运算后的法律人工智能在解决法律问题时至少有两个技术障碍需要解决：一是机器对自然语言的理解和处理能力；二是法律人积累的经验、思维方式如何被转化为算法。

对于第一个技术障碍，人工智能需要借助自然语言处理技术来理解现实中提出的各种问题并给出基于自然语言的答案，而不只是给出检索的若干结果。只是在法律问题中，客户需求会远不止"请帮我找到刑法第 × 条"这么简单，问题本身就会异常复杂。很多律师在第一次会见当事人时会花费大量的时间来搞清楚问题是什么，而对于人工智能来说理解复杂问题会更加困难。然而，随着各种自然语言识别技术的广泛使用，所获得的反馈会越来越多，将有助于推进自然语言识别技术的发展。

对于第二个技术障碍，虽然法律人向来对自己所谓的"像法律人一样思考"非常自豪，但这并不是一道不可逾越的屏障。只要能够理解问题的含义，经过对大量公开裁判文书的分析，并不难找出问题所对应的法律依据，如果能够处理得当，人工智能就可以给出一个得当的答案。

"对于人工智能来说，真正困难的工作可能在于大量现实中的法律问题并不存在标准答案，对于法律问题的解答需要在利益、人情、机会等各方面做出权衡，需要具有真正理解现实社会的能力，这对经验丰富的律师来说都未必是简单的工作。"史宇航说。因此法律人工智能就需要向这些经验丰富的法律人不断学习。而这些没有标准的经验就成了法律人工智能短时期内无法攀登的高峰，除非有一天机器人真正像法律人一样察言观色、深入思考。

除此之外，业内人士已经开始担忧一些法律人工智能应用中可能发生的问题。一位试用过多个法律人工智能系统的律师认为，在法律检索、文件审阅、案件预测等领域的人工智能律师并非真正的律师，那么主导的人类律师是否有义务监督其行为？现在的很多法律人工智能系统对于研发者之外的人而言，都是一个"黑箱"，律师根本不知道它是怎么做出决策的，人类律师将不得不面对想监督而不能的尴尬。

而对于政府部门而言，被应用的人工智能的保密工作则更受重视。很多法律类的人工智能都是由第三方提供的，而非公检法或者律所自己研发的，通常以服务的形式购买过来。基于机器的学习功能，样本和数据越多越大，人工智能分析的质量就越高，而且技术还会不断提高和优化。人工智能技术提供者可能将各个客户的数据汇总到一个数据库系统中。因此，从保密义务的角度出发，使用者必须考虑：什么数据可以提供，以及如何保护、存储这些数据。

而一位检察官则提出了关于法律职业人资质的问题。未来在法院或者检察院可能使用的机器人法官或者检察官是否也需要取得相应的资格呢？就市场中所谓的机器人律师而言，它们是否需要参加法律职业资格考试？抑或需要其他形式的考核以确定其具有职业能力？即便将来某一天赋予了它们这些权利，那么出现了机器人法官、检察官、律师来办理人类犯罪的案件，将是一个多么可悲又可笑的场面。

那些不断涌现的法律"黑科技"在带来法律服务便捷高效化的同时，它们作为新兴产业和新事物本身也让法律法规和既有制度面临种种难题。

三、法律机器人的特点

法律智能机器人有一个最大的特点就是可以24小时值班，不休息不请假，可以实现24小时自主巡逻，律师就算身处异地也可随时查看律所状况，有效对律所的安全性提供了保障。

举一个最简单的例子，法律机器人可以替代律所人员接待客户。当人从法律机器人身边走过的时候，机器人就会自动感应。客户可以随意向法律机器人提问，法律机器人根据后台数据库进行分析，并回答。除此之外还具有人体触摸功能，它会根据人触摸其身体的不同位置，进行语言上的互动。当一个当事人来律所咨询法律相关问题或者寻求法律援助的时候，便可以直接向智能机器人咨询律所相关信息，包括律所人员的动向、不同专长的律师，以及律所的介绍，等等，大幅提高了律师的工作效率，可让律师有更多的时间来服务更多的人，极大地节省了律所人员的办公时间，使其可以有更多的时间来提升自己的专业能力以更好地服务于当事人。

所以说，智慧律所就是要帮助传统的律所更加信息化、标准化、现代化，打造一个更加高效和快捷的办公模式。

　　律师提供服务的前提是要花费时间学习、积累经验，所以律师的服务里时间是一把衡量价值的标尺，这就导致律师很难专注去做小业务，这也是中国法律服务供给资源不对称的一个重要原因。法律机器人的诞生，一方面体现了法律为人民服务的精神，另一方面有利于把律师从基本事务中解放出来，有更多的精力去做更有技术含量的工作。

　　相对于机器人将会代替律师一说，我们更相信司法界和法律从业者对于智能机器人会更加期待，繁忙的法务工作者所期待的机器人，类似于一个24小时不喊累的万能助理，它能基于机器人后台无所不能的"云脑"进行案例智能推送，为司法审判提供相对统一的推理评价标准，弥补人脑认识能力有限、记忆不准确、检索不全面等缺陷；能基于机器人的语音识别、语义解析和图文识别技术，实现立案文书、庭审文书的智能生成和文件自动审阅等。

第三章　智慧律所初步实践

在"智慧律所百城千创工程"的实际推进过程中，这个新颖的模式受到了国内数百家律所的热捧，其中不乏一些知名的律所。笔者通过大量的走访调研发现，目前国内的律所当中，至少有 70% 的律所还没有进行信息化的建设，特别是一些偏远地区的律师事务所，对于律所管理和办公软件更是没有充分地了解和运用，律所的运营模式还维持在传统的模式基础上，并没有实际的创新和突破。所以，滴慧商学致力于将律所信息化建设的重要性传递到更多的地区，并协助这些律所打造"智慧律所"，使偏远地区的律所也可以跟上现代化的潮流，得到更好的发展。

律所在信息化建设中，由于资金不足、人力独立、管理分散等制约，建设"智慧律所"的难度较大。目前，一些大型律师事务所已经在一定程度上实现了信息化，并且借助大数据的趋势实现了顺利的转型，无论是在管理模式还是在办公效率上都取得了很大的突破，信息化建设已经成为律所发展不可缺少的一部分。

律所实现信息化建设，不仅可以规避风险、提高管理效率、提升服务水平和建立品牌形象，还能推动其实现管理模式的变革，包括决策管理、项目管理、成本管理、营销管理、沟通管理和数据管理。这一系列的变革会为律所带来不可估量的价值。不仅能为律所开拓案源、防控风险等方面带来直接效益，还可以对工作效率、律所管理、员工凝聚力等方面起到积极的作用。

在此，笔者对国内几十家具有代表性的"智慧律所"进行了分析，将智慧律所要具备的方方面面都完整地体现了出来，并走访调查了国内现有的几十家智慧律所的运营模式，为有意打造智慧型的律所提供了一套切实可行的实施方法。

笔者希望通过不断的实践和推广，可以让更多的律师加入进来，共同推动国内律所信息化的建设，对律师行业信息化建设起到引领作用。

第一节　北京岳成律师事务所的"智慧化"探索之路

一、律所简介

1993年，首届全国十佳律师岳成创立了以自己名字命名的北京岳成律师事务所（以下简称"岳成所"），现已发展成为以法律顾问为主营业务的大型专业化律师事务所。目前，"岳成所"总部位于北京，在上海、广州、深圳、杭州、南京、西安、成都、重庆、哈尔滨、大庆、三亚设有分所，在美国纽约设有代表处。

"岳成所"现有执业律师220余名，汇集了国内外知名法学院校培养的专业人才；律师实行专业化分工，设有12个专业部门，涵盖了法律服务的各个领域；设有8个管理机构，协调全所的整体运行。

"岳成所"现有办公面积6200多平方米，全部拥有产权。其中，北京总所办公面积2200平方米，是北京地区办公条件最好的律师事务所之一。

法律顾问是"岳成所"的主营业务，是"岳成所"的核心竞争力。"岳成所"现为520多家政府机关、民主党派、企事业单位、社会团体、新闻媒体等单位担任常年法律顾问。

"岳成所"实行全员工薪制，律师全部坐班，真正做到了专业化分工，实现了公司化管理。

"岳成所"的核心理念：感动服务和"三不原则"。感动服务由"岳成所"首倡，是"岳成所"法律服务的标准。"三不原则"，即不给回扣、不给介绍费、不给找关系走后门；坚信打官司就是打事实、打证据、打法律规定，而不是打关系。

"岳成所"的核心价值观：法治、正义、担当、理性。

"岳成所"的核心使命："三个维护"——维护当事人的合法权益、维护法律的正确实施、维护社会的公平正义。

"岳成所"的愿景：成为卓越的律师事务所。

"岳成所"非常重视文化建设：所训、大门上的对联、文化长廊、板报、悬挂在墙上的名言警句、所刊、专刊、仪容仪表要求以及出版的15部法律专著等，都在透视着"岳成所"的文化。

"岳成所"非常热心于公益事业。"岳成所"累计捐资800万元，在北大、清华、人大、法大等26所大学法学院设立了奖教金、奖学金，助力高等教育中法律人才的培养，目前，已有327位教师和845名学生获奖。同时，"岳成所"为获得奖学金的毕业生开通了就业绿色通道，提供就业机会。"岳成所"还提出，在 2023 年"岳成所"成立三十周年时，至少再捐 200 万元用于法律人才培养。"岳成所"开办的公益法律大讲堂，两周一次，已举办 224 期，并将长期举办。"岳成所"出资制作的公益普法网络短剧《律师岳家军》，已播出两季 24 集，总点击量超过 2000 万次。另外，"岳成所"还积极践行社会责任，不仅承诺免费为黑龙江来京务工的农民工及首都高校大学毕业生就业维权，免费为中国 SOS 儿童村提供法律帮助，还提供免费电话、网络咨询服务，并为很多生活确有困难的当事人减免了代理费用，目前已免费代理法律援助案累计 2550 余件。

"岳成所"始终专注法律顾问服务，并把法律顾问确立为主营业务。早在 2011 年，"岳成所"就成立了法律顾问研究中心，确立了"法律顾问是'岳成所'的主营业务，是'岳成所'的核心竞争力"的办所纲领，提出了"打造中国法律顾问第一品牌"的战略布局和发展规划。"岳成所"现为中国农工民主党、国家文物局、中国外文局等 520 多家单位担任常年法律顾问，这在全国也是少见的。

律师制度是法制的重要组成部分，宣传律师就是宣传法制。"岳成所"很注重宣传，和媒体一直保持着良好的关系。新华社、《人民日报》、中央电视台等数百家媒体先后对"岳成所"进行了千余次报道。

建所二十六年来，"岳成所"累计办案 22600 余件，修改合同 107500 余份，接待各类咨询 325200 余次，出版法律专著 15 部。

二十六年砥砺，终成大器。"岳成所"现已成为社会公认的最具影响力的知名品牌大所。

二、律所的信息化建设及互联网应用

（一）智能办公，实现全所资源统一调配

早在 2002 年，"岳成所"就通过了 ISO9001:2000 质量管理体系认证。此后，"岳成所"历经数次改革，形成了更加规范合理的管理制度，如业务档案管理制度、办公室管理制度、财务管理制度、人员管理制度、投诉处理制度等，加大了对接案、签约、收费、结案审查等流程的监督；健全了财务制度，堵塞了财务管理漏洞。

随着计算机技术、网络信息技术的运用，律师事务所也已经到了"信息化""大数据"的时代。"岳成所"很早就意识到了智能办公系统对律所服务流程和知识管理具有巨大的推动作用。为此，"岳成所"很早就结合自己的管理需要专门定制了 OA 办公系统，通过 OA 办公系统的行政管理、人事管理、财务管理、业务管理、日程管理等功能，为律所的管理和运营带来了

多方面的帮助。比如，通过办公网络化，帮助律所律师从繁重的传统模式中解脱出来，不仅节约了办案和管理成本，还提高了办案效率和质量。通过客户资料库的建立，可以方便地进行综合检索，避免利益冲突，避免发生为双方当事人代理的情况，降低了收案风险。通过行政管理、财务管理、人事管理等功能，帮助管理者、行政人员、财务人员等实现不同的管理目的，从而在整体上实现了资源的优化与共享，提高了资源的利用效率和工作效率，同时也树立了律所高效、专业的新形象。

在开办深圳、杭州、南京、西安、成都、重庆六家分所后，"岳成所"又斥巨资建立了视频会议系统，实现了总所和全国各分所的实时互动。现在每周五下午的例会，全国各分所都要接入视频会议系统，一起对一周的工作进行总结。如果有需要讨论的案子，全体律师一同研究，所有人都可以发表自己的意见，真正地实现了一个客户"全所服务"的目标。

（二）开微博、答微信、拍网剧，探索律所在互联网环境下宣传的新形式

"岳成所"一贯重视与媒体的合作。建所二十六年来，"岳成所"得到了众多媒体的热情支持和帮助，借助媒体的力量，"岳成所"充分发挥了律师宣传法治理念、普及法律知识、提供法律服务的作用。

而随着近年来互联网的飞速发展和自媒体的快速崛起，"岳成所"的法律宣传又有了新的宣传平台。"岳成所"建立了完整的微博、微信公众服务账号，借助网络传媒不受时间和地域限制的特性，向全社会普及法律知识、宣传法治理念。

此外，"岳成所"还参与拍摄了网络普法短剧《律师岳家军》。该剧由"岳成所"高级合伙人岳屾山律师策划，《职来职往》金牌职场达人友情出演，第一季在大型视频网站爱奇艺独家首播后，首日就以播放点击率超25万次创下了爱奇艺网络剧的首播纪录。时隔一年，《律师岳家军》第二季也在爱奇艺上线。《律师岳家军》第二季秉承《律师岳家军》第一季一贯的普法宣传宗旨，以轻松搞笑的形式将法律点巧妙融入剧情，表现出了百姓身边的法律盲点。第二季的拍摄历时整整一年，除拍摄追求精益求精外，"岳成所"还力邀众多职场达人加盟，全面升级演员阵容。

今后，"岳成所"还会继续探索法律与互联网传媒结合的新形式，力求在自身发展的同时，与全社会共享法治的成果。

三、人工智能给律所带来的机遇与挑战

人工智能给律师行业的发展带来了前所未有的机遇，对"岳成所"也是

如此。

首先，人工智能具有强大的数据处理能力和分析能力，基于自然语言处理和深度学习的语义检索和法律问答的功能，在法律检索工作中，人工智能可以将一些需要律师花费十几甚至几十个小时完成的法律检索工作压缩在几小时甚至几分钟内完成，比如"岳成所"律师在日常的工作过程中，经常利用北大法宝、无讼以及裁判文书网等进行法律规定或裁判观点的检索。而在未来，如果人工智能的法律检索功能能够更加自动化的话，系统自身便可以理解一段事实陈述并自动识别其中的法律问题，然后完成检索并提供最佳法律信息，整个过程几乎不需要律师的深度参与，更能够大大提高律师工作的效率。

其次，在法律文书生成和审阅方面，鉴于法律文书往往具有其标准格式，拥有自然语言处理、技术辅助审阅、机器学习、预测性编程等技术的人工智能也可以通过学习法律文书模板、分析当事人提供材料的方式输出基本的法律文书，或帮助律师书写法律文书和审阅合同。但鉴于市场上此类智能系统的缺乏，无论是"岳成所"还是其他律所，对于此类人工智能的应用还非常有限，但这并不排除人工智能能为律师提供帮助的可能。

最后，在律所的管理过程中，人工智能同样也可以将案件信息、法律信息等形成电子化数据，通过办公网络化，将原来冗余的文件材料进行有机的组织和有序化、规范化的管理，将案件的收案登记、立案审批、办案过程控制、结案审批及归档等程序实现系统化管理，为律所节约一定的人力和资金成本，提高律所的盈利能力，进而提高律师的收入水平，"岳成所"早已引进的 OA 办公系统即是如此。

但是相应的，人工智能在律师行业的发展和应用也同样会给"岳成所"及其他律所和整个律师行业带来巨大的挑战。

一方面，加大律师行业的竞争。在法律市场过去的模式中，由于法律服务的专业性，其费用较之其他行业往往较为高昂，律师行业也一度被看作高收入行业，但随着人工智能的发展，在线法律服务、机器人法律服务等人工智能法律服务模式则可以以低廉的价格很好地满足一部分人群的法律服务需求，可以提供标准化、商品化的初级法律服务，从而会减少律所和律师的业务量，使律所和律师产生危机感，加大律师行业的竞争。

另一方面，容易造成当事人隐私泄露，甚至从而增加律师的执业风险。我国《中华人民共和国律师法》规定，律师应当保守在执业活动中知悉的国家秘密、商业秘密，不得泄露当事人的隐私。律师对在执业活动中知悉的委托人和其他人不愿泄露的有关情况和信息，应当予以保密。但是，委托人或者其他人准备或者正在实施危害国家安全、公共安全以及严重危害他人人身安全的犯罪事实和信息除外。这就意味着，律师在接受了当事人的委托之后，当事人告诉律师的信息，除上述规定中的情况，律师都必须严格保密。但是，人工智能需要将材料输入处理系统才能进行分析和输出，而根据计算机或互联网的特性，只要一个信息曾经上传过系统，就会留下痕迹，这使得当事人的隐私被暴露的可能性增大，从而可能造成律师执业风险的增加。

四、律所的智慧化建设

不可否认，随着科技的进步和法律服务需求的增加，人工智能将在法律行业充当越来越重要的角色，为律师行业的发展起到前所未有的推进作用。但是，也应当看到其局限性，若言其短期内将取代律师，则未免言之过早，不应盲目神话、迷信技术，而忽略了律师和法律的本质，应当用其长、避其短、防其害，让人工智能被人类所用，而非相反。因此，律所为了适应人工智能发展的大趋势，必须认识到，人工智能在处理数据方面的优势可以说是无可比拟的，但目前仍仅限于对有边界、可穷尽、可录入的数据的分析，多数集中在诉前，如法律信息检索、形成格式化的法律文书、合同审查以及日常法律服务中的简单法律咨询服务。但是对于律师行业的核心业务其优势则没有体现得那么明显，如无边界的法律问题的识别、考量，诉讼策略的决定，庭审的把握以及矛盾的化解等工作，仍然需要律师来完成。

因此，"岳成所"在面对人工智能，探索建设"智慧化"律所的道路中，定会果敢而谨慎，积极利用科技的优势，怀着对法律的信仰、对理想的追求和对事业的执着，以更加成熟的发展理念、更加优质的法律服务，伴随中国法治进程，从优秀迈向卓越，实现百年大所梦！

第二节　北京市中伦文德律师事务所的互联网化建设之路

一、律所简介

北京市中伦文德律师事务所（以下简称"中伦文德"）起源于1992年，是司法部最早批准设立的第一批合伙制律师事务所。经过多年的发展，现已成为一家扎根于中国并面向国际化发展的大型综合性律师事务所，也是中国第一家在英国伦敦和沙特利雅得设立分所的律师事务所。"中伦文德"总部位于北京，并在上海、成都、石家庄、天津、太原、武汉、济南、深圳、广州、南京、厦门、长沙、常州、重庆、沈阳、杭州等城市设有分所，"中伦文德"

除在香港设有机构外，还在伦敦、利雅得、巴黎、里昂等欧洲和中东地区的主要城市开设了业务服务机构。

"中伦文德"拥有大批高素质的理论与实践经验相结合的专业律师，现有执业律师及专业人员两千余名，可为中外客户提供全面、优质、高效的专业法律服务。优秀的律师团队和国际化的地域分布使"中伦文德"能在全球范围内的法律业务领域为客户提供一流的法律解决方案。其能用中文、英文、法文、韩文、日文和阿拉伯文等多种语言为客户提供法律服务。服务法系涵盖了大陆法系、英美法系、伊斯兰法系等，在国内处于领先地位。

"中伦文德"秉承"中大至正、伦理求是、文以载道、德信为本"的理念，崇尚团队精神，坚持专家化的发展特色，其除在传统领域能够保持优势外，在新型及热点领域，如私募股权投资（PE）、不动产资产证券化（REITs）等法律业务的研究实践及"一带一路"跨境投资中也一直处于业内的前沿。"中伦文德"多年以来的出色业绩不仅赢得了境内外客户的认可，还得到了有关政府管理当局的高度肯定：参与多部法律的起草工作，在"南水北调""2008奥运工程""川气东送""中亚管道工程"等国家级重点项目和国家六十周年庆典重大活动中都相继被委以重任。

"中伦文德"近年获得了多项荣誉，如其被北京市律师协会评为"北京市律师行业奥运工作先进集体"，获得《商法》杂志年度亚洲卓越律所大奖，等等。

"中伦文德"的合伙人及律师多为相关业务领域的知名学者或专家，拥有大量的学术研究成果，经常受邀参加国家的民商事立法工作，并兼任许多相关专业领域的社会职务。

"中伦文德"长期以来秉承"人品、性格、专业和敬业"的用人原则，长年吸纳高等学府法学院优秀毕业生，并为律师及律师助理准备了各项专业培训，在事务所内部不同国界的办公室之间施行定期的跨国执业交流。

"中伦文德"的业务领域涵盖了国际律师业务的主要方面，包括公司与证券、金融、房地产与建设工程、知识产权和信息技术、国际业务、税务、外商投资与并购、保险资金运用、信托与资产证券化、海外上市、海事海商、能源环保、劳动人事、医药健康、诉讼与仲裁等法律业务。

"严谨专业、高效尽责"始终是"中伦文德"为客户服务的基本要求，以满足客户各种需求为己任。长期以来，"中伦文德"与政府部门建立了良好的业务关系，能为客户提供高质量的法律服务。"团结合作、勤勉创新"不仅是"中伦文德"的执业理念，更是其在不断加强创造力的基础上，对客户负责的表现。

【延伸阅读】

加强互联网金融行业发展，加快律所信息化建设

随着互联网和人工智能的普及和发展，国内很多律所开始加强对信息化的建设，北京市中伦文德律师事务所作为国际性大所，对新兴事物有着敏锐的嗅觉，是国内第一批进行信息化建设的律所。

该律所致力于开拓一流的互联网金融法律服务业务，提供的法律服务主要包括第三方支付、股权众筹、互联网金融消费、互联网保险、供应链金融、科技金融等。

2016年7月30日，互联网金融千人会（IFC1000）三周年庆典活动在北京香格里拉酒店举办，北京市中伦文德律师事务所创始合伙人、董事长陈文律师，上海办公室副主任陈云峰律师，北京办公室合伙人武坚律师受邀出席，陈文律师与互联网金融千人会创始会长黄震教授共同为互联网金融法律委员会的成立揭牌。北京市中伦文德律师事务所是该委员会主任委员单位。

该委员会的成立，是为了通过多方联动的方式做好企业合规排查、行业法律学术研究等方面的工作，努力促进我国互联网金融行业的健康规范发展。

北京市中伦文德律师事务所致力于为企业提供互联网金融法律服务，在互联网金融风控体系设计、项目风险评估、风控培训、危机公关、融资并购企业及互联网金融犯罪刑事辩护方面有丰富的实战经验，律所成员担任着多家互联网金融企业、供应链金融企业的常年法律顾问。

互联网金融法律委员会在国家法律、法规的指导下，专注于互联网金融法律实践研究，致力于为互联网金融企业提供法律风控体系设计及法律风险防范教育服务，为互联网金融企业提供全方位的法律护航。

该委员会提供的常年法律服务如下：

①为公司整体发展设计完善的法律风险防范体系；

②审核和修改公司运营所需要的各类合同文件和其他法律文件；

③应公司要求，就平台运营与其他参与方进行沟通、谈判；

④协助公司建立合同示范文本制度、合同档案制度、合同签约制度等合同管理的基本制度，减少法律风险；

⑤就公司平台的交易规则、方案、公告等提出修改和完善建议；

⑥就公司平台运营有关问题提出法律建议，并提示相关法律风险；

⑦必要时，应公司要求，按照相关监管部门的规定，起草报送监管部门审批的相关文件；

⑧根据公司要求，为公司关联方或高管在处理业务过程中遇到的法律问

题提供解决方案；

⑨为公司危机公关处理提供法律咨询服务。

该委员会提供的专项法律服务及诉讼、仲裁业务如下：

①为公司的合作项目及其他重要法律事务提供综合性或者专项法律服务，进行专项法律尽职调查，制作、起草、修改法律意见书或其他法律证明文件等；

②接受公司委托担任代理人，参加公司涉及经济、民事、知识产权、劳动、行政、刑事等方面的诉讼、非诉、调解、仲裁活动。

二、律所的信息化建设

目前，"中伦文德"积极搭建信息化平台，对内提高工作效率，降低沟通成本，对外展示专业水准，提高核心竞争力。"中伦文德"的信息化建设主要集中于以下四大平台。

①微信公众号。微信作为一款即时通信工具开启了我们对社交价值和自媒体的全新认知，"中伦文德"深知，在自媒体时代，律所要为自己的品牌建设建立一个载体，所以建立了自己的新媒体平台，并安排专业人员负责运营，由专职律师供稿，律师约稿，形成了一个对外宣传和资源整合的平台。

②律师网上工作平台。律师网上工作平台有利于资源共享，能够加强知识管理、提高工作效率、降低律所运行成本、防控律师办案风险。"中伦文德"引进了 OA 系统，大大提升了律所人员整体的工作效率。

③律所官方网站。在移动互联网时代，PC 端官方网站并未失去自己独特的优势，官方网站信息量巨大，形式更加真实，能够充分展现专业性，而且官方网站对于跨法域和跨国客户是最有价值的渠道，因此，官网依然是律所信息化的重要阵地。"中伦文德"建设了官网，并且致力于让客户点击鼠标不超过三次就能找到合适的律师，还非常注重网站的运营情况。其官网有独特的风格和模块，上面的律所信息会及时更新和替换，是律所展示自身品牌一个很好的平台。

④移动互联终端。手机已经成为最便捷的信息获取途径，手机"办公室"必不可少，为方便日常工作，"中伦文德"通过技术手段将智能手机接入了律所网上工作平台，实现了统一平台移动办公。

在未来，"中伦文德"将紧跟人工智能的潮流，用超前的思维积极应对互联网和人工智能的发展，并不断提升法律检索、文件审阅、案件预测等业务水平，用大数据、人工智能等带来的便利，为更多的当事人保驾护航。

第三节　上海建纬律师事务所的"新媒体"建设之路

一、律所简介

1992 年 12 月，在上海市城乡建设和管理委员会与上海市司法局等有关部门及领导的指导下，上海建设律师事务所（上海建纬律师事务所的前身）成立，在建所之初，上海建纬律师事务所（以下简称"建纬"）就明确了自己的专业化之路——致力于为建设工程、房地产、城市基础设施及公用事业、不动产金融领域提供专业法律服务。

砥砺前行 27 载，上海建纬律师事务所始终以"超前、务实、至诚、优质"为服务理念，致力于开拓城市开发建设领域的专业法律服务、掌握城市建设最新立法动态和趋势，注重研究国内建筑市场、房地产市场的有关法律问题，在建设工程营造、房地产开发、基础设施建设、环境保护、房地产金融等城市建设法律服务领域积累了丰富的实践经验，形成了知名的专业品牌。"建纬"也不断开拓法律服务领域和地域，目前已在北京、深圳、昆明、武汉、长沙、杭州、天津、福州、乌鲁木齐、南昌、南京、郑州、西安、包头、重庆、合肥等地设立了十六个分所。

"建纬"在 1994 年首创为房地产或建设项目提供全过程法律服务的模式，经过多年的探索和完善，已成为被律师业广泛采用并被实施重大工程项目的政府部门及房地产行业广泛接受的最具特色的法律服务方式。

"建纬"也一贯倡导并实行以团队服务的方式为当事人提供高效务实的法律服务，针对当事人的需求和项目服务的不同要求，指派专业对口的律师组成服务团队全程跟踪服务，以满足不同当事人和不同项目的服务要求，在业界积累了良好的口碑和极高的声誉。"建纬"已成为建设工程和房地产行业法律服务领域的代名词。

二、律所的信息化建设

作为大陆首批以建筑、房地产、城市基础设施建设领域法律服务为专业特色的律师事务所，"建纬"开创了律所专业化发展的新篇章。自 21 世纪以来，"建纬"主动拥抱互联网，重视新媒体技术，运用 IT 技术加强律所信息化建设和品牌包装，实现了律所品牌化、专业化的发展。

（一）微信公众号建设

2015 年 9 月 1 日，上海建纬律师事务所官方微信公众号——"建纬律师"正式上线，从此，"建纬"的品牌宣传有了一个全新的渠道。2015 年 9 月 28 日，

"办案回眸"栏目正式推出，"建纬"的主任朱树英为专栏亲自撰稿，每周一篇并且连载至今，从未间断。其经典的案例分析、细致独到的见解，迅速引起了一大批业内专业人士的关注。

在朱树英律师的引领和号召下，"建纬"各个部门的律师也掀起了写作专业文章的热潮，每个工作日都会准时推送的"建纬观点"栏目成为律师展示自己思考成果、总结办案经验的练笔平台。"建纬律师"这一微信公众号也渐渐成为建筑房地产法律领域的知识分享平台。

此外，"建纬律师"还密切关注行业最新资讯，设立的"行业动态"栏目紧跟建筑工程相关行业涉及的最新政策和动态，让律师能够紧跟时代潮流，了解建筑行业和法律界日新月异的变化；而针对"建纬"的不断发展，"建纬动态"栏目则忠实地记录下了"建纬"总所及分所的重大新闻，见证了"建纬"一点一滴的成长。

2017年9月，"建纬公开课"在微信公众号上正式推出，每两周一次，邀请"建纬"的专业律师以及行业大咖在"建纬"总所开讲，公开课内容主要围绕建筑房地产等专业领域展开，如"房地产与建筑工程法律实务""工程索赔法律实务"等。课程免费向"建纬律师"微信公众号的粉丝开放，吸引了一大批来自各行各业的关注建筑房地产专业法律发展进程、热爱学习的小伙伴。培训课程还会被制作成视频，以方便总分所一千余名律师在业余时间进行学习交流。

在这个新媒体迅猛发展的今天，"建纬律师"的上线也并非单纯为了迎合市场潮流。"建纬"希望借助微信公众号这一新兴媒介，将律师的智慧、专业法律知识这些"智库"跟33000多名粉丝分享，让大家了解律师在法制建设中肩负的历史重任。

（二）网站及 APP 建设

2016年12月，上海建纬律师事务所官方网站全新改版，设计风格紧跟时代潮流，人们能通过该网站全方位了解"建纬"的业务，同时它也是客户与建纬建立联系的一个重要"窗口"。"建纬"的官方网站已成为大家认识"建纬"、了解"建纬"的又一张重要名片。

同样在2016年的12月，"建纬"与"律师e通"APP正式展开合作，开启了"建纬"的"移动互联云时代"，通过APP手机移动端或PC端的简易操作，律师可以实现移动管理办公。"律师e通"APP具备立案登记、案件管理、客户管理、知识管理等诸多功能。在这个平台上，针对复杂事件的分工处理，律所管理者和合伙人可以根据权限，看到各自的任务分配和工作的详细分工。权责如此明确、任务如此清晰，使得"建纬"的移动办公实现了质的飞跃。

为了方便律师检索信息，2017年，"建纬"将"威科先行·法律信息库"搭建在了"律师e通"平台上，每一位律师借此可以随时随地检索需要的法律数据信息，大大方便了律师的检索工作。

【延伸阅读】

万变不离其宗，一切以提供优质的专业法律服务为目标

2018年3月13日，"建纬"上海总所开启新一步的探索——与德勤中国事务所开启合作会谈，就数字化及大数据对法律行业发展的影响、"建纬"如何更好地顺应数字化和大数据潮流为企业提供专业法律服务等方面进行了详细的探讨和交流。

德勤会计师事务所于1917年进入中国。如今，德勤中国事务所网络在德勤全球网络的支持下，为中国本地和在华的跨国企业客户提供全面的审计及鉴证、管理咨询、财务咨询、风险咨询和税务服务。"建纬"也期待借力德勤会计师事务所的智能应用业务，主动拥抱大数据，并希望尽快开发出智能合同审核咨询平台，以便更好地为律师和客户交流法律服务提供便利。

"建纬"自成立27年以来，在朱树英主任的影响下，"能说会写"已潜移默化地深深植根于律所每一位律师的心中，"做一名能说会写的专业律师"也是该所每一位律师的崇高理想。所以，从专业书籍到所刊、从微信公众号到智能应用，一切都是为了发扬"建纬"人"能说会写"的文化精神，同时也更是为了向社会提供优质的专业法律服务。而这，也正是衡量一个专业律师事务所成功与否的标准。

多年来，"建纬"紧紧围绕建筑房地产这个核心法律服务领域，为政府和社会提供"超前、务实、至诚、优质"的法律服务，每年办理的案件量和业务数量飞速增长，服务领域也不断拓展，涵盖了建设工程、房地产、不动产金融、工程总承包、国际业务等领域。"建纬"人精益求精，在专业领域里精耕细作，让"建纬"在行业里的地位不断提高。

专业法律服务造就专业口碑的形成，这也是"建纬"开展一切信息化工作的基础。在"互联网＋法律"的快应用时代，"建纬"借力新媒体、探索新工具、拥抱大数据，方便律师开展工作，发扬"能说会写"的"建纬"精神。借助传播学里面的一个概念——"内容为王"，建纬的"内容"就是专业法律服务，一切以提供优质的专业法律服务为目标，主动拥抱新技术、新工具，推动技术服务内容，"建纬"的专业之路必将走得更远。

【延伸阅读】

人工智能，驱动专业法律服务未来

随着信息化技术不断更新进步，人工智能大爆发的时代已悄然来临。任何身处其中的人，都不可避免地要受到人工智能的影响。正如著名的人工智能专家杰瑞·卡普兰所说："即将来袭的机器人、机器学习以及电子个人助手可能会开创一个全新的世界，在这个世界里，很多今天由人从事的工作将会由机器完成。"

毫无疑问，人工智能已在很多行业掀起了波澜，AI 机器人 AlphaGo 在围棋界横扫人类，以"深度学习"为主要工作原理的技术，目前已经在人脸识别、图像识别、语音识别，大数据挖掘技术、无人驾驶技术等领域展开了应用，并且在不断地改变着各个行业并塑造了全新的领域。法律界也不例外。

位于伦敦的法律服务数字初创公司 Lexoo 通过利用数据和算法，将有经验的自雇律师的价格与向中等企业提供的法律服务匹配起来，取代传统律所。虽然还不是用自动化来完成法律工作，但 Lexoo 已与传统律所有了很大不同。

然而传统律所也不会坐以待毙，很多律所也在逐渐引入科技。例如，英国律所 Berwin Leighton Paisner(BLP) 的员工在特定的产权纠纷案件上，使用由法律科技初创企业 Ravn 开发的人工智能 (AI) 系统，从英国土地注册局 (UK Land Registry) 出具的官方所有权契据中提取数据。好处是可以快速核查细节，在房地产案件中可以准确提供关于产权所有人的法律提示。在使用人工智能工具之前，这些工作由 BLP 的初级律师和律师助理完成，他们花费数周时间从数百页文件中人工提取数据。而使用 Ravn 系统核查和提取出相同的信息只需要几分钟。

此外，在今年的"全国律协建房委 2018 年年会暨工程总承包法律制度专家论证会"上，德勤中国合伙人何铮先生曾详细解读了端脑智能在工程总承包合同审查领域应用的产品的研发思路，并对人工智能助力工程总承包合同的审查的研究成果和工作界面进行了演示。

这些改变，对以建设工程和房地产为主要法律服务领域的"建纬"，深有启发。

之前，关于人工智能取代律师的论断甚嚣尘上，现在看来，这种担忧纯属多虑了。尤其是对于专业性较强的律师来说，尽可放宽心。专业律所应该利用人工智能可以低成本、高效、准确地做大量基础性工作的特点，使律师从繁复的基础工作中解放出来，去做更有意思、更高层次的事。

而根据牛津大学一份人工智能的报告可知，需要人类情感、人际交流、综合思考的工作很难被人工智能取代。法律检索工作只是法律服务者提供的最基本服务，对于如何利用检索的资料解决具体的问题，如何与客户打交道，人工智能恐怕短期内还很难启及。因此，使用好人工智能，能让律师更高效、更专注地分析当前项目，不断加强专业技能。这也是人类律师和人工智能法律服务实现共赢的最佳方式。

人工智能，驱动建设工程专业法律服务发展已是大势所趋，"建纬"律师深耕专业领域、不断提升专业技能、主动拥抱人工智能和高新技术也势在必行。在新媒体时代乃至人工智能来临的时代，让我们继续做"能说会写"的"建纬"人。

第四节　安徽滴博律师事务所的"互联网＋共享"模式

一、律所简介

安徽滴博律师事务所（以下简称"滴博"）位于"曹操、华佗故里，药材、贡酒之乡"的安徽省亳州市，是 2017 年 6 月份经安徽省司法厅批准的一家合伙制新所。

"滴博"秉承"法商"理念，高度认同"法商"思维，在传统诉讼的基础上，秉承法商理念，着力打造专业化、团队化的法商律所。重点为成长型中小企业提供全方位、多层次、标准化的法律产品和专业化、精细化、团队化的法律服务，致力成为创新型、智慧型、公司型的律师事务所。

滴，法＋商＝滴，即法律＋商业。法是规则，商是创新！规则决定命运，创新铸就辉煌！三点水＋商，乃法商、智商、财商"三商"之融合，"商"遇"水"则活力四射，效益倍增！法商文化是新商业文明时代的核心内涵和发展趋势！"博"寓意为博大、渊博。字面谐音通"亳州"的"亳"，体现了律所的地域特色！

"滴博"以法商为经营理念，以人文为经营核心，以创新为发展支柱。不仅注重传统的法律业务，还结合"律所＋互联网＋商学院"模式，建立了滴慧商学亳州一分院。律所业务包括企业的股权顶层设计、纳税筹划、劳动合同管理、债权债务催收、企业风险把控、企业的投资融资、资本市场的运作等。

"滴博"拥有一支精英化的律师团队，业务涵盖企业法务、交通事故、婚姻家庭、刑事辩护等多个领域，所内律师有着非常丰富的办案经验，以精细化的服务理念，力求为每一位委托人提供专业、诚信、贴切的法律服务。

创新是律所发展、成长壮大的必备思维，不创新，无发展。"滴博"不仅专注于法律行业的服务，还关注法律市场的发展。中国法律服务业正越来越呈现出全球化、规模化和精品化的特征，各个律所的单打独斗，越来越难以适应市场的状态，"滴博"借助互联网时代的东风，迅速实现了转型，具备了专业化、团队化的发展模式。

二、律所的信息化建设

（一）法律机器人、智慧律所终端机的引进

安徽滴博律师事务所是国内最早一批进行智慧律所建设的律所，建立短短一年时间便在团队建设、创新发展方面取得了不俗的成就，成为国内"智慧律所"建设示范点，在亳州当地颇具声望。

安徽滴博律师事务所的主任李战斗，自2002年开始从事法律服务工作，经过17年法律行业的深耕，在该领域内取得了很大的成就，尤其是企业法务方面，李主任造诣颇深。

在其他律所还把目光定格在挖掘客户时，李主任已把方向转到了打造律所品牌和信息化建设上，他所看重的是开创适应时代发展的律所管理模式。关于怎么做一名出色的律所管理者，李主任认为，做律所的管理者要有企业家思维，要以企业家的姿态来经营自己的事业。于是，在专业知识拓展之余，李主任还系统地学习经济管理学等多方面的知识。在知识的武装下，李主任带领他的团队开启了一系列的创新之举，依托专业水平，实行团队化经营、精细化服务的模式，打造了全新的公司化运营体系，组建起了一支具备竞争力的现代化律师服务团队。

律所规模化发展的方向，一是做精做细，二是做大做强。从长远看，做大做强才是发展方向。让律所更强大，不光要提升律所成员的专业能力，还要加强律所硬件设施的建设。所以，在"智慧律所百城千创工程"刚刚确立的时候，李主任就毅然决定加入，全力打造"智慧型律所"，让律所软件与硬件兼备，让律所实现信息化转型，获得更加快速的发展。

"滴博"为了加快律所信息化的建设，特地引进了法律机器人、智慧律所终端机等智能化设备，这两台智能设备是"滴博""智慧律所"建设的一部分，是法律与人工智能的强大融合。法律机器人具有强大的咨询功能，可以一步步引导当事人了解法律问题处理流程，对案情要素对比进行结果预测，其超强的专业性与便利性大大地提升了律所的办公效率。

智慧律所终端机在律所信息化建设方面也起到了决定性的作用，对于律所品牌化展示非常有利。该终端机可以实时播放律所的音视频、文件资料、

画册等，当有客户参观或者洽谈业务时可以很好地展示律所的品牌形象。

（二）"互联网＋共享"直播技术

安徽滴博律师事务所滴慧商学共享教室项目，同样是该所智慧律所建设的亮点工程。该项目是在北京大学法商课题组的指导下建立的全新的总裁与律师的一体化学习平台。

2017年初，"滴博"在安徽首次引入此项目，让安徽律师与企业家足不出户，就可以聆听国内一线大咖的实战课程，受到了当地律师与企业家的好评，参访团同样对律所共享教室的作用与价值给予了高度评价，对"滴博"的"互联网＋人工智能＋大数据"的创新模式给予了极大肯定，并鼓励该所继续立足本业、勇于创新，发挥安徽律师事务所创新发展的标杆旗帜作用。

在新型人工智能及共享经济背景下，传统的法律服务业发展道路需要重新思考规划，"滴博"在这方面一直进行着积极有益的探索，法商理念的融入让"滴博"收获颇多。不忘初心，砥砺前行，"滴博"将继续秉承"专业立所，智慧强所"的理念，创新律所服务模式，为客户提供更为优质专业的服务。

第五节　湖南滴招律师事务所的人工智能发展路径

一、律所简介

湖南滴招律师事务所（以下简称"滴招"），成立于2010年5月26日，自2017年以来，开始在"互联网＋"的创新模式下运营，是在"互联网＋律所＋商学院"模式下运营的律所。目前，已在进行"智慧律所"建设，是湖南领先提出创建"智慧律所"的律师事务所。

"滴招"以高效、快捷为立身之本，主要服务范围包括但不限于从企业设立起，帮助企业树立规则意识，协助企业草拟、制订、审查或者修改股东协议、章程、合伙人协议、合同、企业规章制度等法律文书；从企业设立起，即开始完善企业顶层设计，就深化企业改革、完善法人治理结构、进行股权激励、加强生产经营管理、提高企业经济效益等有关问题提供法律意见等。"滴招"秉承"法商"理念，在传统诉讼的基础上，重点为成长型中小企业提供全方位、多层次、标准化的法律产品和专业化、精细化、团队化的法律服务，致力成为创新型、综合型、团队型的律师事务所。

"滴招"目前的主要业务以民商类、法律顾问、刑事风控业务为主，成立了股权、刑事风控（刑辩）、婚姻家事、不动产、交通事故、危机处理等律师团队。充分借助当前"跨界、共享、人工智能"等核心趋势，以法商结合、法商管理、法商思维的服务理念为企业服务，用法律的思维帮助企业解决管理问题，帮助企业将创新的商业模式落地。

"滴招"的主任彭春朝多年来积极响应号召、立足本职工作，在公益普法宣传、公益救助等领域做出了突出贡献，获得九三学社岳阳市委"2016—2017年度全市宣传信息工作先进个人"的荣誉称号，在加快律所信息化建设的进程中起到了模范的带头作用。

"滴招"自成立以来，得到了社会各界尤其是企业家的一致好评，与30多家企业达成了紧密合作。所内律师中有多位毕业于西南政法学院、兰州大学等国内知名政法院校，也有多位律师执业十年以上，有着丰富的办案实践经验，既有传统的执业律师，也有新型的总裁律师，总裁律师是懂经营、会管理、通市场的律师，常年服务于企业，有着丰富的企业法律顾问、金融、财税管控经验，能为企业家规范经营和管理企业提供切实可行的方法，能为企业注入健康成长的活力，增强企业的核心竞争力，实现企业家基业长青的最终目标。

二、律所的信息化建设

（一）法律机器人和智能终端机的引进

随着中国创新驱动发展战略的加快实施，如何适应服务市场的变化、为客户提供创新性的法律服务成了每个律所生存和发展中不能忽略的重要问题。

"滴招"在"互联网＋法律＋商务"模式下借助当前"跨界、共享、人工智能"等核心趋势，打造法律服务新业态，为了加快律所信息化建设，该所配置了智能法律机器人和智慧律所终端机。

据了解，未来智能法律机器人30秒钟就可以生成一份全面的法律咨询意见，意见中会有法院裁判文书网的类似案例、各法院裁判胜诉率，甚至可以有举证材料目录、有关联的法律条文，等等，使用起来非常方便。智能法律机器人还具备24小时在线、实时接待的功能，智能接待当事人，回答当事人的问题，为律所节省了很大的人力成本。

智慧律所终端机为"滴招"的品牌最大化提供了有力的支撑，通过智能终端展示，律所可以一键将律所的所有宣传材料上传至后台，它还具备品牌建设、智能检索、产品研发、智库资源共享等多项功能，可以帮助律所实现全方位的发展和突破。

(二)"互联网 + 律所 + 商学院"模式的引入

2017年,为了加快信息化建设、创新律所发展路径,"滴招"首次引入"互联网 + 律所 + 商学院"模式,与滴慧商学合作,引进一线师资力量,运用第四代互联网直播教学模式,创建共享教室,多次为社会大众进行公益普法宣传,帮助律师提升执业能力、帮助企业家进行战略布局,为律师与企业家群体提供了一个全新的交流合作平台。这种新型的模式在当地受到了律师和企业家的一致好评。

"滴招"共享教室针对总裁和律师群体先后开展了"股权激励与股权设计""如何做好企业法务及法律顾问工作""建筑工程法律事务及司法解释(二)""律师演讲与写作的实操体系""新常态下的营销与商业模式"等课程,给企业家和律师打开了面向全国,乃至全球的窗口,加强了企业家与律师之间的沟通与交流,加强了跨境融合。

在推动律所信息化建设的同时,湖南滴招律师事务所也一直热心于扶贫等公益事业,目前已经成为岳阳市扶贫开发协会的首家律师事务所会员单位。除了传统意义的扶贫救助外,湖南滴招律师事务所还借助滴慧商学的第四代互联网直播技术及共享教室,面向当地开展了一系列"尊法学法"公益讲堂,不仅帮助了很多有法律需求的当事人,还得到了各界的关注和认可。

目前,湖南滴招律师事务所已经完成了智慧律所的打造,并已经引进了先进的律所管理模式和智能管理软件,在提高自身效率的同时,也着力于为企业打造一站式法律服务平台,致力成为创新型、综合型、公司型、智慧型的律师事务所。

第六节　辽宁滴德律师事务所的无纸化办公模式

一、律所简介

辽宁滴德律师事务所(以下简称"滴德"),是一家集资本、法律、商学为一体的综合性服务律师事务所,主要业务方向有民商事诉讼与仲裁、刑事辩护、行政诉讼、房地产与基础设施、金融业务、资本市场、政府与涉密法律事务、私募股权与投资基金、税务、知识产权、公益法律服务等。

"滴德"的律师多数毕业于各大高校法学院,拥有法学学士或硕士学位,具有较深厚的法学理论功底,并且从业时间长,承办疑难复杂案件多,具有丰富的办案经验和娴熟的出庭技巧。与此同时,该所律师还组成了若干专业团队,深入研究某一专业的理论和实务,以"专业化 + 团队化"的服务模式,为客户提供高质量的诉讼服务。除此之外，"滴德"十分注重践行社会责任，多次为各类公益组织、慈善机构、弱势群体提供公益性法律服务，受到了社会各界的一致好评。

辽宁滴德律师事务所汇集了一批律师行业的精英和资深法学专业人士，能够为机关、企事业单位提供专业化、高质量的法律服务。该所实现了从个体化作业向团队化作业的转型，同步向规模化、规范化、专业化、品牌化、国际化的方向发展。现已建立了先进的管理体制和专业化团队作业模式，奠定了有效控制业务质量的基础，建设了资源共享机制的路径。"滴德"将坚持不懈地积极探索中国律师事务所品牌化、国际化的建设和发展道路。"滴德"具有良好的团队合作精神，秉承"法是规则，商是创新"的理念，本着尊法敬业、诚信高效的服务宗旨，奉行"让专业的人做专业的事"，主张"提供有操作性的解决方案"，提倡"法律风险的提前防控"，竭诚为社会各界提供优质高效的法律服务。

二、律所的战略定位

"滴德"有着明确的战略定位。随着国内律所的合并和划分，有的律所选择了规模化发展模式，有的律所选择了小而精的发展模式。近年来，除了传统的合伙制之外，越来越多的律所选择了公司制或类似公司制的律所管理模式。律师行业呈现出规模不一、形式丰富、模式多元的发展态势，形成了相对合理的法律服务市场结构。各种模式各有特色，"滴德"在大的规模化的道路上兼顾专业团队的打造，打造属于自己的特色与精品，在客户体验上努力获得客户的信任和依赖。

律所的战略定位决定了与之相匹配的专业队伍。律所作为专业服务机构，需要有专业人才的支撑。"滴德"在规模化发展模式的道路上招揽能够从事不同业务类型的律师人才，这些专业人才相互融合并形成合力，能够为客户提供综合性法律服务解决方案，且在业务类型、业务规模、区域覆盖上优势明显。同时在专业型发展的道路上，"滴德"致力于培养专注于特定业务领域的专业团队，在提供专项法律服务方面具有绝对的优势。

律所要选择适合其战略定位的管理理念，基于律所不同的发展战略，律所呈现出差异化发展态势。不管是何种类型的律所，都需要选择与其战略定位相对应的管理理念并据此使用不同的管理方式和方法。"滴德"作为一家大型的综合性律所，在管理理念上就应当具有更高的包容性和合理性，因为不同的业务领域，服务的内容、形式和标准都不一样；不同的业务团队，工作风格甚至文化理念都存在差别。

经过多年的建设与发展，"滴德"目前已初具规模并且培育出了许多优秀的团队，在管理上实现了人、财、物的高效运转，并且建立了自己的知识资源库，是紧跟互联网时代发展的弄潮儿。

三、律所的信息化建设

近 20 年来中国的互联网企业在逐步改变着中国的商业生态，从互联网、移动互联网、物联网、车联网、共享经济到大数据、区块链、人工智能，可以说在互联网科技领域年年有热点、年年有风口。科技正以超越以往任何时期的巨大增量进入爆发式增长期，人工智能将是未来生活中的常态，这是不可阻挡的大潮。而律师事务所也必将顺流而动进行人工智能的改造和转型。

2017 年，"滴德"着重将律所的信息化建设提上日程，开始进行向智慧型律师事务所转型的探索。"滴德"先后引进了律所管理软件、法律机器人和智慧律所终端机，打造了集律所管理、法律大数据和专业服务为一体的智能办案系统，将可视化、大数据和人工智能三大前沿技术融入律所信息化建设，具体有以下几个方面。

（一）无纸化办公

律师事务所可视化的基础在于纸质版案卷材料的电子化，为此"滴德"专门配备了高速打印/扫描机、苹果笔记本电脑。团队倡导拿到的纸质版案卷材料必须第一时间进行电子扫描，然后由相关项目负责人上传至软件系统，并进行项目立项、项目分配等工作。

"滴德"倡导律师在修改文件时都在电子版上进行修改，无论哪种格式，均要使用修改工具在电子版文件上进行留痕修改，保证团队其他成员可以了解当前文件内容的修改人及修改过程，以利于团队合作，也更有利于年轻律师的成长。

（二）可视化

"滴德"律师团队将根据上传到软件系统中的项目材料，对案件进行可视化处理，倡导使用 PowerPoint、PS、XMind 等软件构建案卷流程图、指示图、思维导图等。力图将文字版案卷材料有效转化为图形，使团队律师和审判法官都能对案卷有更直观、更清晰的认知。

（三）智能化设备的引进和使用

为了加快律所信息化建设，"滴德"特别引进了法律机器人和智慧律所终端机，将智慧律所的打造又上升了一个台阶。法律机器人具有 24 小时值班的功能，可以 24 小时自主巡逻，可以将律所贵重物品锁定，若有陌生人闯入会立即报警，就算律师身处异地也可随时查看律所情况。同时，法律机器人还具备智能问答的功能，当有当事人到律所咨询的时候，法律机器人可以根据后台数据库进行分析解答，极大地节省了律所的人工成本。

法律机器人和智慧律所终端机不仅提高了律所的办公效率，还对律所的品牌化建设做出了很大的贡献。法律机器人和智慧律所终端机可以实时播放律所的宣传视频和律所的相关报道，律所服务领域、专业团队的详细介绍都可以一键上传。目前，法律机器人和智慧律所终端机已经成为打造智慧律所的必备条件。

（四）大数据分析

得力于裁判文书网上公开的相关规定，海量的判决书、裁定书上传至网络，使人们对法律案件进行大数据分析成为可能。"滴德"对专业法律数据库进行了充分的利用，在案件法律争议问题、法院和法官对案件的倾向性分析、案源开拓等方面取得了良好的效果。

律师团队在与重要的常年法律顾问企业谈判前，会对该企业案件的每年案件数量、案件数量发展趋势、案件纠纷类型、案件标的、审理法院地域分布、胜诉率、败诉率等情况进行数据分析并进行可视化图形制作。

企业大数据分析报告呈现出"滴德"律师团队比企业管理者自身还了解企业的经营状况、法律纠纷状况，由此增加了企业对"滴德"律师团队的信任。同时，单个企业的案件大数据分析报告也将使"滴德"律师团队对企业提供的法律服务达到精准化、个性化。

法律实务中往往出现众多争议问题，通过争议问题大数据分析，律师可以得出该法院和该法官对此争议问题的倾向性，由此对案件审理的走向能够有足够的判断和心理准备。

"滴德"目前已经开始定期制作辽沈地区分行业、分法院、分案件类型的大数据分析报告，并在其官方网站、微博、微信公众号上定期发布，以达到扩大律所知名度及行业影响力的目的。

第七节　湖南中奕律师事务所的信息化建设之路

一、律所简介

湖南中奕律师事务所（以下简称"中奕"）是湖南首家专注知识产权品牌保护的专业化律所，是"中国反侵权假冒创新战略联盟副理事长单位""湖南省妇女儿童法律援助中心工作站""湖南省涉法涉诉信访案件律师援助中心"，并为多家大中型企事业单位提供专业、优质的综合商事法律服务，在法律风险管理、财税管理筹划、品牌策划推广等领域积累并获得了丰富的从业经验和良好的市场口碑。

湖南中奕律师事务所有着国内一流的律师事务所办公系统，并建立了完备的法律法规及案例数据信息库，凭借其高端优越的办公条件、高智精干的年轻团队、高效科学的运行机制和创新精细的专业服务，迅速成为湖湘律界耀眼的新星。

文化立所，"中奕"推崇优秀文化，尊崇中庸大道，信奉"中正致和，奕世载德"的核心价值观，以"行大道、睦天下"为使命，致力缔造充满幸福感的百年律所。

精英筑所，"中奕"力建一流团队，打造律所精进奋发的合力。现设知识产权部、公司业务部、房地产业务部、刑事业务部、婚姻家事部和政府公益部等六大业务部门和行政人事部、市场策划部、专家顾问部、财务部等四大辅助部门，各部分工合作，顺畅高效。政府公益部还设立了"湖南省涉法涉诉信访案件法律援助中心"，该律所将倾情倾力打造助力政府、服务社会的法律公益平台。

创新兴所，"中奕"注重创新，并不断焕发律所开拓制胜的活力。依托"中国反侵权假冒创新战略联盟"，整合本土资源，致力于打造知识产权品牌保护专业化律所。"中奕"同时还在律界首推"一站式综合商事法律服务"，为客户提供包括法律、投融资、财税、内控、知识产权品牌保护、整合策划与市场推广在内的全链条综合法律服务。

外联强所，"中奕"巧借外脑，不断提升律所服务水准。聘请知名法学院校的专家教授及相关实务部门的资深人士组成"中奕"专家顾问团，定期与其联系探讨，借此提升服务水平。

"中奕"以"高于客户所需，臻于客户满意"为服务理念，以"惟创新，得中兴"为宗旨，惟一惟精、至诚至专，是知识产权品牌保护和跨界综合商事服务的律界领跑者！

【延伸阅读】

人工智能对"中奕"带来的机遇与挑战

2017年7月20日，在高瞻远瞩的国家人工智能战略《新一代人工智能发展规划》中，国务院向法律行业释放了一些信号。

首先，新规划在对人工智能理论、技术和应用做出前瞻布局的同时，还呼吁加强对人工智能相关法律、伦理和社会等问题的研究，建立人工智能法律法规、伦理规范和政策体系。其次，新规划力挺智慧法庭、智慧检务建设，提出促进人工智能在证据收集、案例分析、法律文件阅读与分析中的应用，实现法院审判体系和审判能力智能化，推动办案与新科技的深度融合，有效提升司法质效和公信力。最后，更为前瞻的是，新规划提出"人工智能+X"复合专业培养新模式，法学赫然在列，法学教育的变革已然箭在弦上。

人工智能的核心基础为大数据处理，对于律师事务所来说要想从容地面对未来人工智能时代的挑战并在人工智能时代仍能占据优势，建设一个智能高效且能对数据进行适当的组织和处理的基础业务核心平台就至关重要。这个平台可以使我们从中找到律师事务所真正想要的东西。我们的业务数据能够被轻松地收集，能够很容易地展现，并在我们需要时，能够快速传输到移动的设备上。我们的数据需要被保护，应能够被恢复和存档，以便它们可以成为我们发展的核心战略资源。

随着越来越多的律师事务所开始在平台上积累自己的数据资源，显然他们也已经意识到了未来的竞争将不仅仅只是业务层面上的竞争，还是一个律所综合实力的竞争。每家律所都需要有自己的核心数据资源，通过平台数据的分析了解自己的优势，把握自己的业务方向；通过办案数据的沉淀，积累自己办案的经验与知识，提高办案的效率。只要我们拥有数据，在未来我们就可以让人工智能为我所用，让我们的律所脱颖而出，成为一家智能化的律师事务所。

二、律所信息化建设的举措

2017年，"中奕"在互联网和大数据以及人工智能的发展趋势下进行了"智慧律所"的建设。

（一）提升智能化办公系统

"中奕"率先引进办公系统、智慧律所终端机等先进设备，将律师从烦琐的数据收集、重复的程序工作中解放出来，用有限的时间将律师价值最大化，实现了律师工作的"流程化""专业化""团队化"和"云端化"。

（二）转变营销模式

"中奕"在开拓业务的过程中时刻关注未来营销的趋势，未来的营销模式是社会化的、精准化的、有创意的。"中奕"提倡多举办面向服务企业的文化沙龙，将有共同想法和面临同样问题的企业家、创业家连接起来，形成一个企业家法律文化圈，同时倡导创建微信群并邀请沙龙成员加入，方便律所展开数据挖掘,开展数字化的营销。

未来的营销是场景化的、跨界联合的营销。"中奕"在提升客户参与感的同时还注重创造冲动消费的场景,让客户在高度认可律所服务的前提下、在舒适的用户体验中下单消费。

在未来,"中奕"将立足自身优势不断开拓创新,建立公司化律所管理制度,引领湖南律师行业实现创新发展,着力打造知识产权、公司业务、房地产、刑事辩护、婚姻家事、政府公益六大专业团队,结合人工智能,积极推进律所信息化建设,将智慧律所的作用发挥到极致,逐步树立自身的影响力和知名度,不断提升客户的认同感和律师的幸福感。"中奕"还将以实现规范化、信息化、专业化、品牌化、规模化、战略化的六化建设为目标,力争把自己打造成具有幸福感的百年律所。

第八节　山西中诚律师事务所发展之路

一、律所简介

山西中诚律师事务所于 1994 年 4 月成立,是山西省首家股份合作制律师事务所,2002 年改制为合伙人制,为山西省司法厅直属律师事务所之一。2016 年 3 月中华环保联合会授予律所"环境权益维护律师事务所"证书;2016 年 12 月山西省人大常委会授予律所"2013—2017 年度信访法律服务标兵单位"称号。

山西中诚律师事务所成立二十多年来,始终坚持"中正为本、诚信致远"的办所宗旨,恪守"忠诚、为民、法治、正义、诚信、敬业"原则,紧紧把握经济社会发展的法律需求,找准发挥作用的结合点和着力点,坚持创新和改进法律服务方式,促进法律服务与经济发展深度融合,不断拓展法律业务范围和领域。经过不懈努力,已发展成为具有相当规模和一定社会影响力的综合性律师事务所。迄今累计受理民商事、刑事等案件 3000 余件,该所律师担任着 30 余家政府机关、企事业单位的常年法律顾问或特聘律师。

山西中诚律师事务所不但在诉讼领域拥有核心团队,而且在资源整合、基金运筹管理、企业兼并重组、企业风险防控、公司事务、劳动法律等非诉专业领域也有核心团队,可为客户提供多层次、全方位、高水准的法律支持与服务。该所律师团队目前提供的服务领域如下。

(一)基金运筹管理

本所律师团队目前主要为私募股权基金机构提供法律服务,并围绕以下四个阶段展开：基金创建及资金募集阶段、投资项目筛选审查阶段、管理投资项目阶段、退出阶段。

主要服务内容包括但不限于：法律环境评价；基金设立的法律框架的设计、论证；协助私募股权基金对目标企业的其他重大决策事项如对外投资、资产重组提供法律建议；拟定整个退出程序方案，制作所涉及的法律文书等。

（二）矿产能源领域的资源整合

本所律师团队曾设计并全程参与2009年山西省煤炭资源重组整合工作，常年专注服务于多家省属国有矿产能源集团公司，在矿产能源项目开发管理、项目转让、项目融资、矿业权纠纷等方面积累了丰富的实战经验。矿产能源业务现正成为该所颇具特色的专业服务领域。

主要服务内容包括但不限于：境内矿产能源项目的兼并、收购或转让；尽职调查、协助设计改制重组方案、起草相关法律文书、参与相关谈判、协助实施方案；设计融资方案；矿业企业诉讼或仲裁代理等。

（三）企业运营管理的风险防控

本所律师团队针对企业特性及现状进行深入分析，在得出科学分析结论的基础上将本所律师团队自主研发的"企业运营管理风险防控体系"植入企业，以保障企业的良性、有序、健康发展。

具体风险控制体系：企业法人结构治理风险防控；企业人力资源管理风险防控；企业商务合同运营管理风险防控；企业现代管理体制的建立与完善；企业税务管理风险防控。

（四）房地产及建筑工程领域

本所律师团队针对山西房地产开发特性及现状就房地产开发及建筑工程领域从事如下法律服务。

房地产开发：房地产项目开发方式的策划及风险防控；拆迁安置及补偿方案设计；房地产预售、销售流程设计；投融资方式设计及风险防控等。

建筑工程：建设工程项目招投标；造价咨询及各类合同的制定、审查、谈判；建筑企业内部管理制度建设等。

【延伸阅读】

拥抱变化，积极迎接人工智能的到来

人工智能在法务工作中的应用逐渐冲击着律师的工作，尤其是在法律条文检索、案件情况分析、案件结果预测等方面其影响力日趋凸显。和人脑相比，机器有着更加全面更加准确的记忆，在机器中检索比在人脑中检索要来得精

准，就如对一个案例的分析，现在人工智能完全可以在几分钟甚至几秒中之内将这一案例的相关法律条文、相关类型案件、相关案件的判决甚至本案件的结果预测全部反馈出来，且相对而言服务成本更低。传统律所要积极接受新生事物，了解和掌握新的科技技术，迎接人工智能带来的挑战。

一是，充分发挥律所自身优势，综合多年来的发展经验并整合各种资源，通过信息技术，将通信资源平台与传统行业结合起来，改变之前仅凭借个人小范围受案的情况，借助网络平台资源大幅降低信息处理成本，提高数字竞争力。二是，结合律师服务特点，充分发挥人的主观能动性。首先，对于案件的分析既要认真倾听当事人的表达，又要从与当事人的交谈中获得自己所需但未必当事人会表达的内容。其次，人工智能通过对大数据的分析加之对人脑理论、方法、思维的模拟所取得的结果只是相对值而非绝对值。作为律师要发挥主观能动性，在绝境或大众化之下找到依法之据和合法合规的解决办法。三是，真诚做好人与人的沟通和交流。机器的语言或表达是冰冷无温度的，法律事务的处理往往也是人情世故的解决，人与人面对面交流的亲切感是机器永远无法替代的。

同时，法律事务从头到尾的解决绝不是坐在办公室打打字、写写文案就可以的，作为律师必须做好对资料的收集汇总工作以及人与人之间的交流沟通。

综上所述，人工智能不是人类的敌人，我们大可不必对其采取敬而远之的态度，况且法律工作较强的技术免疫力也决定了人工智能不可能完全取代律师的工作，我们应以求同存异的态度了解它、接收它、学习它、利用它，最终使其成为我们生活工作的工具。

二、律所的"智慧化"建设

随着以互联网、大数据和人工智能为代表的新科技的飞速发展，社会经济也发生翻天覆地的变革，同时，也给律师行业带来了机遇和挑战。业务群体的改变，新的法律服务领域的出现，成为风险防范控制和推动律师行业转型发展的主要支撑。律所只有努力创新、顺应时代发展变化，加快转型、进一步拓展服务领域，并提供更全面、多层次的服务，才能够在行业的变革中占据主动地位。

山西中诚律师事务所积极顺应时代发展变化，积极探讨并实践新时代下的律所转型发展之路，进行了一系列的"智慧化"建设。

（一）建立微信公众平台

建立了"山西中诚律师事务所"微信公众号平台，此平台分为三大模版：

走进中诚、中诚服务及律师助手。

①走进中诚。重在让客户了解律所发展状况与律师服务情况。分为5个板块：中诚简介、中诚团队、中诚动态、服务领域和收费标准。

②中诚服务。重在方便客户沟通，无论是电子形式还是面对面的交流。分为4个板块：微官网、中诚地址、联系我们、中诚招聘。

③律师助手。重在方便律师工作，同时将费用、文书信息、工商信息等更加透明地展现给广大客户。分为5个板块：诉讼费用计算、法律法规查询、裁判文书查询、法院公告查询、企业工商查询。

微信公众号的建立方便了律所的推广与宣传，更为广泛地扩大了律所的受众范围，进一步拉近了律所与客户的距离，提升了客户对律所和律师团队的信任感与亲切感。

（二）引进滴屏直播系统，扩大平台建设

滴慧商学是创新利用"互联网＋法律＋商务服务"的法商服务的综合平台，不仅可以使律师利用互联网拓宽学习渠道，还可以有效地整合律师及商业资源。通过该平台，律所初步搭建了一套智能会议系统，提高了律所办公效率，律所全员培训实现了自动化、标准化、智能化，同时也为大数据建设奠定了基础。

（三）做好公益宣传与培训论坛

山西中诚律师事务所借助互联网和大数据的支持，并结合律所对应的服务范围、发展趋势和内容，卓有成效地开展了一系列的公益宣传与培训讲座。一方面广泛参与政府主导的公益服务，积极响应省人大、司法厅、省律协的号召，深入参与化解各类涉诉信访案件，安排符合条件的专业律师团队积极协助省级公、检、法机关完成各机关信访窗口咨询释法工作。另一方面，积极参与律师普法进社区活动，与太原市铁匠巷社区开展"一社区一法律顾问"合作，针对社区居民需求，制定方案并准备课程，定期为社区居民举办普法宣传活动。

同时，该所还聚焦企业经营管理过程中的热点和焦点，采取"走出去"与"引进来"相结合等多种形式，开展法律理论与实务操作专项培训。

三、律所实现品牌最大化的措施

随着依法治国进程的全面深入推进，律师在执业过程中对于法治建设的推进作用愈显重要。同时，在新时代下，新的科技技术层出不穷，给律师行业带来机遇的同时也带来了挑战。山西中诚律师事务所全体合伙人与全所同

仁一道，不忘初心，秉持"中正为本，诚信致远"的宗旨，坚持以团队建设为主线，立足当下、着眼未来、努力创新，借助智慧律所的基础，以打造品牌为工作重点，全面推进律所建设。该律所实现品牌最大化的措施如下。

①规范法律顾问专项服务。法律顾问专项服务是律所的窗口，直接体现律所整体专业水准和服务质量。要按照《法律顾问单位服务流程》，明确法务工作范畴，明确工作职责，细化服务项目，规范工作程序，变被动服务为主动服务。深入了解法顾单位基本情况，精准提出法务工作意见和建议，做到"受人之托、忠人之事、中正为本、诚信致远"，通过扎实有效的工作，打造律所品牌。

②积极倡导精品意识，不断提高办案质量。这是打造专业化律所的必备要件，也是建立"中诚"品牌的必要基础。既要努力提高收案数量，又要切实保证办案质量的明显提升。进一步提升青年律师政治敏感、专业素养，争取将每一个案子都做成精品案件，逐步将同一类案件做成精品板块。

③切实做好律所团队建设。面对律师行业新形势下的发展趋势，着力传承"中正为本、诚信致远"的律所优秀传统，构建新时代下"中诚命运共同体"的思想文化体系，培育团队大局意识和整体协作能力。要特别加强团队素质培养培育，在坚持内部日常专业学习和专项业务培训的同时，划拨专项资金，积极鼓励和组织律师参加法务及涉法新科技技术专项外出培训学习。要健全完善吸英纳才机制，特别要做好青年律师的吸纳和培养工作，营造包容的工作环境，搭建坚实的工作平台，培养人才梯队，培养一支具有"中诚"特色的律师队伍。

④拓宽宣传渠道，塑造律所整体形象。进一步加强智慧律所的建设，利用第四代互联网直播等新媒体形式以及通过召开大型培训会、举办普法宣讲活动等，将"中诚"品牌对外全面推广。同时继续深入广泛参与社会公益活动，为新时期法制建设做贡献。

第九节　山东曦宁律师事务所的智慧律所发展之路

一、律所简介

山东曦宁律师事务所（以下简称"曦宁"）是 2014 年 1 月经山东省司法厅批准设立直属于东营市东营区司法局的一家综合法律服务机构。本所拥有一支年轻的高素质律师队伍，所有执业人员均具有法律本科以上学历，现有执业律师 16 人，辅助人员 5 人。"曦宁"确立了以金融保险、医疗维权、行政诉讼为核心，以传统的民商事、刑事为基础的业务服务方向，设有民商综合部、金融保险部、劳动人事部、交通事故部、婚姻家庭部、法律顾问部、建筑工程部、行政法律部、刑事法律部等多个业务部门，可以提供全方位的法律服务，是一家具有综合实力的律师事务所。

"曦宁"实行"专业化分工、规范化管理"的运作模式，建立了一套行之有效的内部合作机制，形成了成熟的团队服务模式，所内资源得到有效整合，使每位律师的专长都得以充分发挥，是一家极具合作和团队精神的律师事务所。建所之初即成立了中共山东曦宁律师事务所党支部，充分发挥了党支部的战斗堡垒作用。律所律师本着"精法厚德，慎言笃行"的理念，爱岗敬业、勤于钻研、充满生机和活力，以高度负责的态度认真对待每一位前来寻求法律服务的客户。

山东曦宁律师事务所成立五年多来，抓业务、抓党建、抓管理，实行规范化管理，同时以文化建所、制度立所、业务强所，该所还被评为"东营市律师事务所党组织规范化建设示范点"。

山东曦宁律师事务所有 2 名律师被评为东营市"十佳律师"和"优秀律师"，2 名律师为东营市法律专家库律师，为东营市人民医院、胜利油田胜东社区管理中心及大地保险、太平洋、平安、人保等多家企事业单位提供常年法律顾问服务，业务量连年递增，"曦宁"自成立以来每年代理各类案件达 600 多件。

在网络信息平台多元化的背景下，"曦宁"通过建立自己的网站、微信公众平台为客户提供法律服务，律师不再依托律所的公共案源，网络营销也日渐得到了该所律师的重视。

二、人工智能给律所带来的机遇与挑战

人工智能的到来，给"曦宁"及该所的律师带来的冲击和影响是不可小觑的，人工智能的到来，会让律师的文案工作变得轻松，还可以让他们能为更多客户服务。当然，机器人最终将会接手相当大比例的工作，律所对于初级律师的需求将会大幅减少，如此一来，有些律师事务所可能会经历一场结构性衰退。

"曦宁"自成立以来，在业务发展、诉讼及非诉领域、公益事业等方面都取得了有目共睹的骄人成绩。但同时"曦宁"也清醒地意识到，律所正处于做大做强、全面发展的关键时期，既面临难得的历史机遇，又面临一系列严峻的挑战。为了抓住机遇、迎接挑战，"曦宁"所需要进行多方面的努力，包括统筹全局发展，吸引人才，建立科学型的管理体制等。与此同时，还比

以往任何时候都更加需要依靠改革和创新，来带动全所的综合竞争力产生质的飞跃，推动律所全面、协调、可持续发展。为全面提升律所整体竞争力，更好应对人工智能带来的机遇与挑战"曦宁"将服务、改革、务实、拓展作为律所今后五年的工作指导方针。服务是立足于律所提供法律服务的中介性质，要服务客户，更要服务律师；改革就是改变不合理的、滞后的管理体制和管理方式，促进发展和进步；务实就是切合实际、脚踏实地做事；拓展就是站在业务发展的角度，不仅要为律所奠定雄厚的经济基础，还要制定可持续发展的战略及目标。同时，要把实绩放在突出的位置上，在方针的指引下，恪守职业道德，弘扬团队精神，以法律为本，视客户至上，为各界客户提供全方位、高质量的法律服务。

三、律所的"智慧化"建设举措

（一）实现律所规模化

一般认为，规模化律师所是指综合性的，有一定整体规模，管理严格规范，能集中一批专家为客户提供专业化优质法律服务的律师所。如果一家律师所仅是规模很大，人数很多，但所内律师都单打独斗，不能提供集团式的专业化法律服务，那就不能被称为规模化律师所。

规模化、专业化是律师所必须要走的一个产业化之路，否则是满足不了经济全球化对一个国家法律服务的需求的。律师所的规模化涉及硬件设施、管理体系以及律师的服务，三位一体缺一不可。

1. 硬件规模化

现代化的办公设备和优雅高贵的办公环境是律师所实力的象征，不但对律师接待当事人、洽谈业务有一定的帮助，而且对于树立律师所形象、开展品牌宣传也有很好的促进作用。"曦宁"计划，在现有条件的基础上，用三年的时间大幅改善办公环境，办公面积从现有的400多平方米增加至近600平方米，人均办公面积达40平方米左右；建设规模化的会议厅、资料室，并配备娱乐运动设施（如乒乓球室）。

2. 软件规模化

软件的规模化要求服务质量优质高效、管理体系科学合理，包括建立办公自动化体系，设计案件工作流程，完善财务管理、人才管理、组织管理、信息化管理、决策管理、经营管理等；应收集最新法律法规、各级法院案例分析、本所律师经典案例分析等资料，为律师的业务工作提供帮助。

为了提高律所办公效率，提升律所品牌，加快信息化建设，山东曦宁律师事务所特地引进了智慧律所终端机。智慧律所终端机可以集中将律所的宣传视频、团队风采、律师业务专长等轮播展示，对于律所品牌提升有很大的作用。如果有当事人来所里咨询，就可以通过该终端机，对律所和律所人员的资料进行查看，对律所进行基本的了解。

3. 人员规模化

拥有高素质、德才兼备的人才队伍是建设规模化、专业化律师所最根本的首要条件，是立业之本、力量之源。律所应始终坚持"以人为本、人才兴所"的思想观念，不断完善律师队伍结构，注意培养和吸收青年律师，形成以中青年律师为骨干，专业化分工明确，结构科学合理的阶梯型高素质律师队伍。"曦宁"规划五年内律师总数增加到 20 人以上；努力提高律师队伍素质，本科及本科以上学历达到 100%，其中硕士以上学位的人数力争达到 30% 以上。

在人员规模化的基础上，组建相对固定的各领域专业团队，为优质客户提供服务。实现律师所规范化、专业化和形成品牌化、多元化的法律服务市场必将带来律师业内部更加激烈的竞争，而且竞争将渗透到律师业服务领域的方方面面，律师所将进一步向规模所和精品所分化。所以，律师所规模化是必然导向，律师所专业化是必然趋势。每个律师所和律师都应有自己的专业定位和发展方向。

（二）律所管理规范化

从国内外著名律师所的经典管理模式来看，所谓的科学管理就是规范管理。规范化的管理与运作是律师所竞争力和社会知名度不断提高的基础。

规范化即标准化。标准化的基本特征是系统性、目标性和整体最佳化。律师所以规范化为纽带会全面提升管理水平。没有标准化，管理水平就只能因领导个人而异，不能维持在一个较高的水平上。

标准化的作用主要是把组织成员内所积累的技术、经验，通过文件的方式来加以保存，使其不会因为人员的流动而流失。这样就做到了个人知道多少，组织就知道多少，也就是将个人的经验（财富）转化为组织的财富。更因为有了标准化，每一项业务工作即使换了不同的人来操作，也不会在效率与品质上出现太大的差异。不仅能提高工作效率，还能防止失误再发。

建立规范化的管理制度，包括诉讼及非诉案件业务流程规范化、法律服务程序规范化。此外，还应当注重外部形象规范化，一方面要求律师注重仪表，使用礼貌的接待用语；另一方面，要求事务所整体的工作环境营造一种崇尚个性、以人为本的文化氛围，并将其体现于办公室风格、各种诉讼文件格式以及具有本所特色的各类纸张、信封等。

（三）律师专业化

专业化是律师执业发展的趋势，律师所应引导每一个律师选择一个主导专业，掌握该专业必要的专业知识和相应的法律规定。聚合人才优势，建立与金融、证券、知识产权等部门合作的培训体系，邀请各行业的权威专家和学者对律师进行系统培训，尽快实现知识更新，提高律师驾驭高层次法律服务的能力和水平。

（四）实现律所品牌化

在竞争日趋激烈的环境中，吸引大众的注意力靠品牌，品牌是连接客户与市场的媒介，是律师所形象在客户心中的浓缩。律师所的品牌形成对律师所的重要性不言而喻，律师所品牌是律师所整体形象的社会评价，具有不可估量的社会效益和价值，对于提升律师所的业务竞争力具有重大意义。

品牌不能简单地等同于名气，有了名一定要在名下打造实在的支撑点，没有核心的专业和团队做支撑，品牌就没有支撑点。

山东曦宁律师事务所在以后的发展中将以恪守诚信、勤勉尽责，追求卓越、精益求精为工作宗旨，以实现规范化、规模化、专业化、品牌化为目标，以建立资源共享和质量控制两大机制为主线，充分运用现代信息技术搭建律师服务平台；并将秉承"法律至上、客户第一、服务至上、执业为民"执业理念，努力为社会各界提供专业、高效的法律服务。

第十节　四川明炬（上海）律师事务所的智慧化建设之路

一、律所简介

四川明炬律师事务所成立于 1996 年，现有 58 位资深合伙人律师，400多名执业律师，在宜宾、攀枝花、凉山、拉萨、上海等地设立了十六家分所，为超过二千多家单位担任法律顾问，已成为中国西部"航母"律所之一。多年荣获"四川省优秀律师事务所""ALB 中国三十大律师事务所"和"ALB亚洲五十大所"。

四川明炬（上海）律师事务所，是四川明炬律师事务所于 2017 年在上海市设立的一家分所，是以金融、证券、企业并购、科技转化、多层次资本市场为主要业务方向的专业律师事务所，现有执业律师 30 余名，办公场地 600平方米。

分所以为四川、上海两地间的企业与政府搭建合作桥梁为宗旨，将金融、证券等领域的法律服务作为业务发展方向。主要以知识产权，强制执行，破产重整，企业兼并、收购、重组，以及公司治理，多层次资本市场，PPP 项目，招商引资等项目为主。依托上海联合产权交易所和天府（四川）联合股权交易中心股份有限公司，致力于促进川沪两地的资金流通。

四川明炬律师事务所以"做精业务、做大品牌、实现人生价值和职业使命"为宗旨；以海纳百川的胸襟，凝聚了众多的行业精英。该所律师有些是高校、科研机构的法学专家；有些是具有政府、司法机关等工作经历的实战派律师；有些是担任过四川省人民政府法律顾问、省政府行政复议委员会委员、省公安厅特邀法律专家等的优秀人才。

二、律所的"智慧化"建设举措

为了提高律所人员的办公效率，四川明炬（上海）律师事务所在 2017 年加快了律所的"智慧化"建设，先后建设了第四代互联网智能直播系统，引进了智慧律所终端机、法律机器人等。利用互联网和大数据，实现了滴屏互联，在当地帮助律师和企业家建立了一个学习交流的平台，他们可以通过直播系统与一线大咖进行连线、实时互动，解决了律师和企业的发展难题，在当地引起了非常大的影响。

智慧律所终端机的引进促进了四川明炬（上海）律师事务所的品牌化建设。该终端机可以循环播放律所的介绍、品牌宣传视频、宣传画册等，可以有效地向客户展示律所品牌，提升律所形象。智慧律所终端机同时还可以设置欢迎词条，非常方便和快捷。律所还可以在终端机后台设置加入一些本所服务领域的法律法规资料，当有当事人来律所咨询业务的时候，可供其提前在线查看，以便在沟通时更加顺畅，还能起到普法的作用，非常方便。智慧律所终端机是智慧律所建设的一个必备设施，对于律所办公效率和品牌的提升有着明显的效果。

同时，四川明炬（上海）律师事务所还引进了智能法律机器人。律所真正迈入智能化服务的象征就是法律机器人的使用，法律机器人虽然不能代替律师工作，但对于律所整体办公效率的提升有着非常重要的作用。

法律机器人具有智能迎宾功能，当有客户来访从机器人身边走过的时候，机器人会自动感应，进行智能迎宾。法律机器人在连接 Wi-Fi 和开启话筒、声音功能的情况下，可以根据触摸其身体位置的不同来与客户进行语言上的互动，客户可以随意向机器人提问，法律机器人根据后台数据库进行分析并做出回答，非常人性化。

法律机器人还有一个重要的功能就是可以 24 小时值班，锁定律所贵重物品，当陌生人闯入时可以立即报警，律师可以随时查看所内状况，为律所安全提供了有效的保障。

目前，四川明炬（上海）律师事务所在打造智慧律所的进程中已经取得了显著的效果，相信通过以后不断的努力和推进，该所将会迅速成为国内智慧律所的典范。

第十一节　河北昊晟律师事务所的信息化建设

一、律所简介

河北昊晟律师事务所（原大明律师事务所）成立于1995年，是遵化市首批改制的合伙型律师事务所，是一家综合性律师事务所，业务范围主要涉及民事纠纷案件、刑事辩护案件、房地产、公司事务等领域。目前比较专业的业务是刑事诉讼业务、公司业务、民事诉讼业务等。多年来在当地相关法律服务领域形成了自己的特色，为当事人提供了大量优质的法律服务。

河北昊晟律师事务所以"维护法律、追求民主、尊重人权"为宗旨，以"客户利益至上"为原则，以"团结、严谨、高效、诚信"为理念，视"信誉"为立所之本；统一收案、统一收费、统一分配，大案按团队协作的模式进行经营。律所制定了完善建全的规章制度，严格按照章程接收、分配、办理案件，聘用专门的会计管理财务收支，按比例为每位律师进行利益分配。

近年来，河北昊晟律师事务所受理的各类案件不断增长，大案要案也接连不断，该所曾多次参加政府涉诉协调工作，为当事人挽回损失达上千万元。该所自成立以来无一名律师受到过处分、处罚，全体律师均兢兢业业地工作，扎扎实实地学习专业知识，作风严谨，一切以维护当事人的合法权益为首要，经过全体律师的共同努力，受到了政府各部门和社会各界人士的一致好评，已成为当地律师事务所中的翘楚，为律师行业树立了良好的形象。

二、律所信息化建设的举措

随着科学技术的发展和互联网以及人工智能的普及，河北昊晟律师事务所也逐渐向信息化办公转型，从最初的纯手写方式转变为电脑应用的方式，律所为每位律师配备了专业的电脑和打印机，律师会将与各自承办案件相关的一切法律文件录入电脑并制作成电子档案保存，从传统的保存纸制版卷宗的存档方式逐渐转变为纸制版和电子版共同保存的存档方式。

之后随着互联网的发展，河北昊晟律师事务所建立了自己专有的局域网络，现又设立了微信公众号，律师可能更快捷地共享网络资源，当事人可以更方便地咨询与法律相关的问题，律所还参照当地法院的电子网络立案程序，为当事人办理网上预约立案，为当事人解决了立案难的问题。

2017年是河北昊晟律师事务所信息化建设尤为重要的一年。为了适应互联网经济的发展，推动律所管理、服务的转型升级，河北昊晟律师事务所建立了综合办公平台，充分利用信息化技术提高律所整体的工作效率和质量。

河北昊晟律师事务所引进的智慧律所终端机等智能管理软件，从根本上提升了律所的办公效率。智慧律所终端机是专门针对律所信息化和品牌建设的终端服务设备，能方便律所人员协同工作，保障办公管理向规范化、信息化方向发展，注重知识管理的实际应用，融协同作业、实时通信、信息发布、业务管理、行政办公、业务流程、信息集成于一体，可以为管理决策层提供各种决策参考数据，是员工良好的沟通协作平台。

未来是专业化、信息化、科技化的时代，河北昊晟律师事务所将会跟随时代的发展，利用好科技资源，秉承建所理念和宗旨，构建开放性好、兼容性强的信息化平台，为客户提供更加专业和人性化的服务。

第十二节　黑龙江民强律师事务所的智慧律所建设之路

一、律所简介

黑龙江民强律师事务所（以下简称"民强"）是一家以刑事、民商事、行政等服务项目为特色的合伙制律师事务所，于2000年在哈尔滨经黑龙江省司法厅核准成立。自创始之日起，"民强"秉承"专业、勤勉、尽责"的服务理念，以创办一流律师事务所为目标，推行"公司化运作、专业化分工、规范化管理"的模式，竭诚为广大客户提供高品质的法律服务。经过近二十年的辛勤耕耘，获得了社会各界的高度赞誉，现已形成遍布中国各大主要城市的服务网络和客户群。

"民强"有强大的优秀律师团队和专家顾问团队，以"忠实法律、忠诚服务"为宗旨，接办各类民商事、刑事、行政案件，尤其在侵犯人身财产、债权债务、婚姻、交通肇事、保险、金融、经济等专业领域取得了骄人成绩。自成立以来，先后担任了省内及省外近100多家政府机关、保险公司等企事业单位的唯一指定法律顾问单位，每年承办各类案件500余宗，并与社会各界大量客户建立了良好的合作关系。自2010年起，每年均被评为哈尔滨市优秀律师事务所及黑龙江省律师事务所信用五星级单位，是一家具备相当实力的律师事务所。

"民强"一直热心支持并积极参与公益活动,积极承办哈尔滨市法律援助中心等机构的法律援助案件,自成立以来,接受市、区法律援助案件达上千件,得到了当事人的认可,为维护公平正义、树立法律权威、建设和谐社会、促进法制建设做出了巨大的贡献。自2013年起坚持参加黑龙江省电视台、省司法厅共同承办的"法律援助龙江行"活动,跟随该活动主办方先后去了望奎、黑河、嘉荫等20余个市、县,为当地百姓解答法律问题、提供法律服务,受到了当地百姓的一致好评和认可。同时,在哈尔滨市司法局的牵头下,"民强"与哈尔滨市老龄委又建立了法律咨询接待站,专门为老年人解答法律问题,提供法律服务,其中向符合法律援助条件,需要通过诉讼等方式解决法律问题的老人提供全程法律服务,为社会主义法治建设在龙江大地推进,为全省法律援助工作的开展做出了极为突出的贡献。

黑龙江民强律师事务所是全国唯一一家将律师事务所与街道办事处紧密结合、合作共建的律师事务所,至今为止,"民强"已与多家办事处建立了合作,其中成绩较为突出的是与工农街道办事处的合作共建,自2013年入驻工农街道办事处以来,共接待周边百姓咨询约5000余次,真正做到了为社区百姓提供法律服务、排忧解难,是一家具有高度社会责任感的律师事务所。

二、律所的"智慧化"建设举措

"民强"在哈尔滨市的办公面积为1000平方余米,具有为客户提供优质法律服务的硬件设备。在软件方面,该所配备了电子信息收集系统、智能化管理系统、光纤网络系统,同时也创立了办公自动化的局域网络,在完善财务管理、人才管理、组织管理、信息化管理、决策管理、经营管理等方面做出了重大调整。

"民强"还同时建立了定期更新及可与客户进行交流的专业网站——黑龙江民强律师事务所网站,及时对外发布律师动态,披露承办的经典案例,摘取全国各地优秀律师撰写的理论文章、办案心得、案例点评等,努力在网络信息时代最大程度地实现"互联网+法律服务"。

"民强"于2017年加入全球商事律所联盟,将"互联网+"思维融入律所发展、管理、运营的方方面面,使律所得到了快速发展。与此同时还引进了法律机器人,为律师查询最新法律法规、各级法院案例分析等提供了便利条件。

三、互联网发展给律所带来的挑战

在转型时期,互联网的发展、全面推进依法治国战略、加快互联网金融立法工作、新媒体的蓬勃发展等均给律师行业带来了诸多挑战。

一方面，"民强"在未来的几年内将特别关注及加快研究互联网并购、支付平台对银行业带来的潜在风险及其控制、线上基金交易监管、线上理财、互联网保险、互联网金融争端解决机制等法律问题。这对"民强"而言，无疑是一个挑战。

另一方面，知识产权是高新技术企业发展的核心和基础，知识产权与企业的竞争力、科技实力等息息相关。新媒体、自媒体等媒体形式带来的传播介质革命，给知识产权带来了新问题。在新媒体时代，传播成本非常低，导致原创作品越来越少。新媒体对于知识产权法律的冲击也是未来该所将着重研究的方向。

未来，"民强"将以"优质、高效、诚恳"的执业精神，为社会各界提供更全方位、高层次的法律服务。

第十三节　山东辰泽律师事务所的"人工智能 + 法律"服务模式

一、律所简介

山东辰泽律师事务所（以下简称"辰泽"）是 2013 年经山东省司法厅批准设立的一家综合性律师事务所，立足"山东半岛蓝色经济区"的地理优势，鼎力打造"建筑房地产、公司事务、证券事务、金融保险、刑事辩护、涉外诉讼与仲裁"六个专业律师团队。

"辰泽"从建所之初就提出"专业分工、团队办案"的发展模式，经过几年的运作，建立了一套行之有效的内部合作机制，形成了一套成熟的团队服务模式，是一家管理规范的律师事务所，更是一家极具合作和团队精神的律师事务所。"辰泽"在创业中探索，在发展中提高，在务实中完善，逐渐形成了自己的经营理念、管理制度和风格。在全所律师的共同努力下，该所在成立的短短几年内就取得了骄人的成绩，以其认真负责的态度，得到了业内人士的一致认可和广泛的社会赞誉。

山东辰泽律师事务所于 2016 年 11 月份入围齐鲁股权交易中心，承办齐鲁股权挂牌辅导业务；于 2017 年 10 月通过了山东省电子商务促进会"电子商务公共服务机构"认证；于 2018 年元旦与滴慧集团签订战略合作协议，成为烟台市首家智慧律所，并合作成立滴慧商学烟台一分院，旨在通过"互联网 + 大数据 + 智能 + 法律"的平台化运营、远程教育和近距离接触等形式，培养出更多的商业精英与总裁律师。

山东辰泽律师事务所现已经被中国国际商会烟台商会、烟台市中小微企业联合会、中国国际商会山东省葡萄酒分会理事、烟台大学文经学院校企协作理事会、烟台齐鲁文化促进会、烟台市企业与企业家联合会等多家商会及联合会推荐为理事、常务理事、副会长单位，并被烟台电视台社会广角栏目、烟台大众网聘为常年法律顾问；本所主任葛显光律师被推选为第十三届烟台市政协委员，并担任烟台市人民政府信访事项听证员、烟台仲裁委员会仲裁员、烟台金融服务中心专家委员会委员、烟台开发区综合执法局监督员、滴慧商学烟台一分院院长等职务。

山东辰泽律师事务所积极倡导全所律师参加社会公益活动，重视面向弱势群体的法律服务工作，至今已办理法律援助案件几十起，积极为当事人争取利益，获得了当事人的好评和认可。该所还积极响应山东省司法厅、烟台市司法局的号召，参与法律服务直通车双联活动，进社区、街道，下基层，开展了一系列的法律服务活动。自 2017 年起，所里律师在葛显光主任的带领下多次前往烟台开发区古现街道、潮水街道、大季家街道下辖的村庄开展法律服务直通车活动，为当地村民提供了法律服务，解答了法律问题，提供了法律援助。

二、"人工智能＋法律"服务模式

为了加快律所信息化建设，提高办公效率，更好地服务于当事人，"辰泽"于 2017 年加入滴律联全球商事律所联盟，将"人工智能＋法律"服务模式，融汇到律所的发展、管理、运营等方面，使律所与企业进行了完美的结合，将法律服务价值最大化，让企业享受到了更加专业、高效的法律服务。

与此同时，"辰泽"还引进了智能法律机器人，为律师查询最新法律法规、各级法院案例分析、律师经典案例分析等提供了便利条件，智能法律机器人可以代替律所人员接待当事人，当有客户来律所拜访时，智能机器人可以自动感应，实时回答当事人的问题，并向当事人介绍律所的基本情况，使当事人对律所有基本的了解，除此之外智能机器人还具有人体触摸功能，根据人触摸其身体的不同位置，进行语言上的互动。

智能法律机器人不仅可以提高律所人员的办公效率，有效展示律所的品牌形象，还可以 24 小时值班，有自主巡逻、贵重物品锁定、陌生人闯入报警等功能，可以有效保障律所的安全，为智慧律所全面发展奠定坚实的基础。

"辰泽"采用先进科学的管理手段，运用非常便利的通讯设施，使用智能化管理系统，同时也创立了一系列办公自动化软件，极大地提高了办公效率，为客户提供更加全面、更加专业和人性化的服务。

"辰泽"同时还建立了定期更新及可与客户交流的专业网站和律所公众号，及时对外发布律所动态和最新资讯，展示律所承办的经典案例，刊登全国各地优秀律师的文章、办案技巧和案例分析，并且在媒体、法律文书上广泛宣传事务所文化。"辰泽"坚持开展理论、业务研讨，律所形成了互相沟通、互相交流、互相合作、互相促进的良好氛围。"人工智能＋法律"服务模式，为客户了解该律所提供了快捷的途径，使该所的信息化建设走在同行的前列，"辰泽"现已成为当地信息化建设最快的智慧律所。

【延伸阅读】

以金融法律服务专业化为突破，走可持续发展道路

走进山东辰泽律师事务所，处处彰显着创新之举，在打造精专律所的同时，辰泽律师事务所坚持公司化管理模式，强化团队专业化业务分工，为客户提供细致专业的法律服务。

专业化发展是根基，品牌化塑造是突破，团队建设是可持续发展之本。山东辰泽律师事务所律师平均年龄在35岁左右，团队有分工，团队有互补，团队以集体的智慧和力量为客户服务，并率先尝试一体化团队建设，提成加授薪制分配模式为律师事务所专业化目标建设奠定了坚实的基础。以金融及不良资产处置为发展目标，以金融法律风险防控及不良资产处置为专业突破，山东辰泽律师事务所正在进行不断的探索与创新。

为了更好地服务于当地的经济建设，山东辰泽律师事务所与当地多家商业银行、资产管理公司、投资公司等机构合作，承办银行诉讼与不良资产处置业务；与烟台市金融服务中心、齐鲁股权交易中心等机构合作，开拓新三板、四板挂牌辅导及企业并购重组等业务，为当地企业挂牌上市提供全程法律服务。

山东辰泽律师事务所面对当前竞争激烈的法律服务市场，根据自身优势，量体裁衣，充分发挥本所律师业务素质高、研究能力强的优势，果断提出走业务专业化、服务品牌化、研究常态化的律所建设道路。"专业服务产品化、团队合作重质效"的服务模式为该所金融非诉讼领域的创新发展带来了无穷的动力。

山东辰泽律师事务所在打造专业化"高端"金融业务的同时，努力改善律所的硬件设施，改造完成后的律所已建设成功能齐全、设施完善，处处散发着法律文化气息的精品律师事务所。已实现的公司化管理模式，进一步提

高了团队专业化分工的服务效率，大大提高了律所管理的水平。该所不仅通过培养、引进等各种方式储备人才资源，还通过参观学习、交流等多种方式深化自己的专业化发展之路。

2017年10月份，山东辰泽律师事务所正式入围山东省电子商务促进会，成为烟台首家为电商企业提供法律服务的律师事务所。山东省电子商务促进会是在山东省商务厅的指导下，经山东省社会组织管理局审批成立的全省性、联合性并具有独立法人资格的非营利性的行业协会商会类社会团体，由山东省电子商务领域的企事业单位本着自愿平等原则组成，促进会以促进山东省电子商务的应用普及、提高电子商务应用水平、推动传统企业转型升级、促进地方经济的发展为己任，充分发挥"提供服务、反映诉求、规范行为"的职能作用，有效地搭建起了政府、行业、企业之间的沟通交流平台。山东辰泽律师事务所入围山东省电子商务促进会，将为本所开拓新的法律服务领域奠定基础。

在未来，山东辰泽律师事务所将会在现有的人员基础上继续壮大律所的执业律师队伍，并制定完善的未来发展计划，实现律师和律所的双赢。以下是该所在新时期践行的发展理念。

①扩大平台的力量就是扩大律师的发展空间。律师事务所是律师施展才华的平台，律所的发展能让每一位律师受益。律师事务所走品牌化发展道路，在提高律师事务所知名度、美誉度的同时，能为更多寻求法律帮助的人提供更专业的法律服务，也将为律师提供更广阔的发展空间。因此律师应抛弃埋头自己做业务的陈旧思想，与时代接轨，同律所紧密结合，共同为律师事务所品牌化建设做贡献。

②专业的法律知识是律所恒久不变的金字招牌。事物的变化发展是内外因共同起作用的结果，律师事务所的品牌化建设固然重要，但执业律师的专业知识仍将是律所恒久不变的金字招牌，只有提高法律知识水平，为客户提供更专业的法律服务，才能真正地为律师事务所的品牌化建设奠定最坚实的基础。

③放慢脚步，稳扎稳打。在经济高速发展的当下，利益的驱使让部分律师的职业道德出现缺失，律师职业所带有的正义光环在人们心中逐渐消失，这将是律师行业面临的最大危机。律师职业道德建设在公司化运营模式中尤为重要，刻不容缓，绝不能仅凭利益大小来决定服务水准。作为律师，应该匡扶正义、为权利而斗争，踏踏实实、认认真真做好法律服务，并为中国法制建设贡献自己的力量。

④重在落实，实现愿景。律师事务所走品牌化、团队化、专业化发展道路是律师行业发展的必然趋势，是新一轮律师事务所改革和发展壮大的强劲动力。山东辰泽律师事务所捕捉到了改革的先机，2018年上半年严格按照发展规划，执行"走出去、引进来"的方针，学习最先进的发展理念，为律所品牌化发展道路提供科学依据。2018年下半年，该所将进入改革发展的重要阶段，将继续按照发展规划，加快发展进程，早日实现智慧律所发展目标。

第十四节　天津道器律师事务所的"智慧化"建设

一、律所简介

天津道器律师事务所（以下简称"道器"），是经天津市司法局批准新成立的一家专业商事律师事务所，办公楼坐落于天津市南开区，拥有现代化的办公环境。事务所采用新型管理模式，专注于企业商事客户的业务处理。业务涵盖公司治理、投融资、金融、不良资产、劳动人力资源、破产清算等非诉讼法律事务，商事诉讼法律事务及常年法律顾问业务等。律所建立了先进的管理体制和专业化团队作业模式，奠定了有效控制业务质量的基础，建设了资源共享机制的路径。

（一）独特的发展理念

天津道器律师事务所以"全方位服务"为核心，以"做全国中小微企业用得起的法律顾问"为使命，坚持"客户第一、诚信为本、注重合作、勇于担当、追求极致"的发展理念，致力于成为中国最专业的中小微企业法律服务机构！在互联网蓬勃发展的时代背景下，律所以"互联网+法律"为发展方向，不断在新的法律服务中为企业寻找解决方案。凭借互联网的合作平台，结合前期的市场调研，律所创新地提出了"资源共享"的法律服务模式。这种模式有利于加深企业与律师事务所之间的合作程度，有利于全方位地解决企业的经营难题，实现律所与企业的无缝衔接。

（二）优秀的律师团队

天津道器律师事务所拥有一支业务精湛的律师队伍。律师团队，拥有良好的教育背景和创新、务实的执业理念，致力于为客户提供高质量、高效率、全方位的法律服务。以王士波律师为首的律师团队成员大多毕业于中国政法大学等知名院校，拥有较强的专业水准，并且还定期开展专业研发和专业学习，不断提高专业业务水平，其中硕士4人、专职人数20余人。

（三）优质的法律服务

律所服务领域包含日常运营的法律风险防控、劳动人事的法律风险防控、业务合同的法律风险防控、公司治理的法律风险防控、投融资业务专项法律咨询、专项诉讼、知识产权的法律风险防控等。

无论是企业法律服务领域，还是与之相关的诉讼业务领域，"道器"的律师团队均以出色的前瞻性及专业水准处于行业前沿，尤其在中小企业建立、合并、分立，劳动人事管理、企业股权转让、资产重组等领域，更是处于行业领先地位。

（四）高效的管理模式

"道器"所建立了劳动人事业务部、商事争议解决业务部、公司治理业务部。业务分工明确，各专业领域的案件均由专门的律师团队负责。案件承办的每个步骤均以专业化形式进行管理，致力于使每个案件都能够成为经典案件，让每个案件的当事人都能享受到最专业的法律服务。此外，律所在管理上还实行律师过错责任赔偿制度，如因承办律师的重大过错致使客户的权益受到损害，则对客户的损失给予赔偿。

（五）超前的人才培养模式

天津道器律师事务所尤其注重对律师的培养，因为律所深知未来世界的发展离不开人才，未来的竞争就是对人才的竞争！律所强大的实力源于人才！该所建立了系统的梯队培养机制，注重对年轻律师的培养和团队建设。律所探索出了一套"高质高效"的协作模式，即形成了在主管律师的领导下，由主办律师主要负责、辅办律师及助理律师辅助配合的由主任、主管、主办、辅办、助理等人员组成的配置结构，以其成熟独特的模拟法庭、权威研讨、方案竞争、专人质检、案件跟踪等先进办案方式为依托，建立了高效的法律争议解决流程。该做法使"道器"的青年律师及律师助理在职业发展道路上得到了快速的成长！

二、律所的"智慧化"建设举措

在"互联网＋人工智能"时代，传统的法律服务业将以何种姿态和面孔来应对？是坚守传统还是进行创新？是尴尬中被动应对，还是从容中主动变革？是每一个身在其中的法律人——尤其是律师在实现职业理想过程中不可回避的问题。

"道器"的回答是，要解决这些问题就不得不创新，创新的目的：第一，满足需求；第二，创造价值；第三，提高效率；第四，降低成本。而非希望通过创新树立行业壁垒，然后来获取高额的利润，保护我们自己，这不是互联网思维，如果我们还以原来的方式从事现有的职业，这个职业会随着社会的进步，受到越来越多的质疑。

为了抓住人工智能和大数据带来的发展机遇，天津道器律师事务所率先在当地引进了一系列的智能互联网办公软件，开展了管理软件的相关培训活动，让所内律师办公效率有了很大的提升。人类的经验、能力和知识水平毕竟是有限的，即使是受过专业训练，积累了丰富经验的律师，也必须承认自身存在颇多不足。

天津道器律师事务所还特别引进了智慧律所终端机，提升了律所办公效率和品牌形象。智慧律所终端机可以在后台设置添加本所的基本资料、宣传音视频等信息，实现后台嵌入、前台展示的功能，当有客户到律所咨询法律服务的时候，可以在终端机上查看关于律所的详细介绍和不同专业领域的律师资料，从而选择自己所需要的律师来合作，不仅方便了客户，还提高了律师办公效率。

不仅如此，当律所举办活动或者领导来律所参观的时候，还可以在后台提前设置迎宾的欢迎语，包括与活动相关的资料都可以提前设置，操作非常简单，将律所服务整合在终端，配合管理软件等信息设备，对于加快律所的"智慧化"建设具有积极的推动作用。

三、律所未来的发展路线

有句话说得好："律师兴，法治兴；法治兴，国家兴。"面对信息化时代的到来。

天津道器律师事务所坚持走"专业化、精英化、集约化"的发展路线，坚持"专而精、高而优、新而强"的工作原则和指导思想。

所谓专业化，即本律所绝不做万金油式的法律服务机构，本律所的所有律师和工作人员绝不做万金油式的法律服务工作者，坚持走专业化路线，每一位成员律师都要成为高水平的专家型专业律师，确保本所代理的全部民事案件胜诉率不低于90%，律所将在擅长的4—5个专业领域内成为国内一流的法律服务提供者，成为国内一流的专业法律服务机构。

所谓精英化，并非指本律所只面向社会精英提供服务，而是指本律所要求每一位成员律师和每一位工作人员都属于社会精英、都成为专业精英，始终以高标准、严要求来要求自己，在专业知识水平、业务能力、工作态度和人品道德各方面都成为精英，向当事人提供专业、优质的服务，竭尽全力、全心全意维护当事人的合法权益，实现当事人合法利益的最大化；律所将不断裁汰劣弱、吸纳新血，对于专业水平、业务能力差者或者工作态度不认真不严谨、对工作不负责任、人品道德不佳者，将毫不犹豫地辞退清除（创始成员亦不例外）；将持续不断地招纳合格的新成员，保持律所成员的优胜劣汰、更新优化。

所谓集约化，指本律所坚持降低办公成本和工作成本，提高工作效率和办案效率，不铺摊子，不搞排场，不搞面子工程，不做任何无用功，杜绝繁文缛节，求真务实、集约高效，竭尽全力提高律所的经济效益。

专而精，"专"指专注、专业、专长，律所专注于钻研自己所擅长的四五个领域，每一位律师和工作人员专注于自己所专长的一两个专业领域，做到行业内最专业，专业化程度和专业水平最高；"精"指精确、精准、精品，致力于为每个当事人提供精确精准的专业服务，制定精确精准的操作方案，将每一个案件都做成精品。

高而优，"高"指高起点、高素质、高水平、高要求、高效率、高胜诉率：律所的创立坚持高起点，只招聘专业精英，只吸收杰出、高素质、高水平的专业人才，且所有成员须坚持在职培训、继续学习，不断提高综合素质和专业水平、业务能力；对律所每一位成员都坚持高要求、对律所的运作亦坚持高要求；从事法律服务保持高效率，为当事人提供高效优质的服务；保持律所代理民事案件整体90%以上的超高胜诉率。"优"指优秀、优质、优化、优先：律所只吸纳优秀人才、只保留优秀人才，为当事人提供优质服务；经过全面分析综合评估，为当事人拟定最优化的、性价比最高的操作方案，争取最优化的结果；区分轻重缓急，优先处理紧急的案件、民生案件、人权案件；

新而强，"新"指坚持走创新之路，建设学习型、创新型律所，坚持思路创新、制度创新、管理创新、办案方法创新、办案模式创新，不断提高工作效率、办案水平、案件办理质量，认真研究新型案件，解决工作中遇到的新问题，随时学习新法律法规和新颁布出台的规章、立法解释、司法解释和行政执法解释，为社会、为当事人提供更好更优质的专业服务；"强"指坚持走专业强所、业务强所之路，着眼于案件本身、着眼于实现和维护当事人合法权益最大化，民事诉讼代理维持90%以上的高胜诉率，刑事辩护必须全面竭力维护当事人的合法权益，非诉讼服务坚持专业、优质、高水平，坚持以优质服务、最佳效果赢得更多客户的信任信赖；不摊大饼、不铺摊子，不贪大求多，不走规模扩张之路，坚持做优做强，将每一个案件都办成精品，让每一个客户都成为回头客和义务宣传员推销员。

过去已去，未来已来，机遇与挑战并存。"科技改变世界，知识改变命运。"

天津道器律师事务所将紧跟"互联网＋人工智能"的社会大势，竭力打造智慧律所，加快律所信息化建设，坚持走标准化、精英化、集约化、智能化的发展道路。

第十五节 北京骏铎律师事务所的"智慧化"建设

一、律所简介

北京骏铎律师事务所（以下简称"骏铎"）是一家具有创新力和竞争力、传统与新型管理模式相结合的合伙制律师事务所。律所由法律顾问部、投资融资部、讼诉仲裁部、知识产权部四大精英团队构成，该所高端律师团队均为国内外一流法学院校的硕士、博士，"骏铎"还聘请了著名的法学专家，针对疑难案件进行专案研究与诉讼，并时刻秉持"专业、专心、专注"的理念，采取一体化管理模式，为客户提供高效、可行的业务解决方案和优质的法律服务。

"骏铎"自成立以来，为境内外百余家企业提供了专业法律服务，成功代理了百余起合同纠纷、股权纠纷、知识产权纠纷等方面的诉讼，并且获得了客户的广泛好评。"骏铎"一直朝着专业化、个性化、品牌化、国际化方向不断创新、发展，并始终以伙伴的合作模式为客户提供服务，不止步于满足客户所需，更关注实现客户目标的方式，致力于打造超越客户预期的律师事务所。"骏铎"还致力于打造企业的总裁律师，用法律的武器为企业"走出去"保驾护航！

"骏铎"业务专长包含股权架构设计、股权激励、尽职调查、投资并购、知识产权、诉讼及仲裁等。团队执业人员全部为中、青年律师，他们既有深厚的工作经验，又有开放式的创新能力，拥有较强的竞争优势。"骏铎"一直在树立正确的团队理念，力求将法律业务做高、做精、做专，为客户带来极致的体验。

"骏铎"团队领袖杨斯童律师，是该所的发起创始人，是北京市律师协会公司法专业委员会委员、中国公益网法律维权部副主任、北京市工商企业联合会会员、中关村创新研修学院合作讲师等。杨斯童律师是南开大学法学学士，曾担任数百家公司、金融企业的法律顾问，具有深厚的法学理论基础和数十年的执业经验，擅长公司类法律事务、股权法律事务、金融资本法律事务、财富管理法律事务、投资移民法律事务等。在多年执业过程中，以己度人，敬业用心地为客户提供优质的法律服务。经多年积累，现已逐步转型成懂经营、会管理、通市场的新型总裁律师。

北京骏铎律师事务所以"功崇惟志，业广惟勤，勤谨睿智，明法厚德"为发展理念，以做企业最贴心的专业法律顾问为目标，践行"一体化运作、专业化分工、公司化管理、资源化整合"的经营模式。

全所律师在杨斯童主任的带领下，以加强律师队伍建设为重点，认真学习新的法律纲要，积极参与律协组织的讲座、培训，并不断提高自身的综合素质。所里律师充分发挥主观能动性，通过主动登门服务、结对挂钩等形式，在不断巩固原有阵地的基础上，稳步拓宽新的市场领域，为客户提供优质且高效的法律服务。"骏铎"现已与百余家企业建立了合作关系，受到了客户以及社会各界的一致好评。

"骏铎"在服务企业的同时，还积极配合人民法院履行律师调解工作，积极主动联系双方当事人，认真讲解相关法律政策，多次使双方在法律面前达成和解。除此之外，该所还一直坚持履行法律援助义务，参加社会公益活动，为弱势群体提供无偿帮助，化解了社会的矛盾，促进了社会的和谐，在行业中起到了先锋模范的榜样作用，并得到了业界的首肯！

二、律所的"智慧化"建设举措

在新的时代下，互联网、大数据及人工智能的迅速发展促使各行各业进入了"智慧"时代。未来律所的抱团发展、联合发展、平台发展，法商融合、"互联网+"、全球合作已成为必然趋势。

"骏铎"在不断的学习和摸索中发现，"滴慧商学"这个优质的平台正在以全新的体系模式服务于千万家律所。2018年，"骏铎"基于较为全面的考虑，正式加入滴慧商学，成了一家滴系律师事务所。这对"骏铎"来说有如下好处。从产品上来看，可以脱离对单个律师人身依附性的高度依赖，可以通过相关平台研发、宣传、销售标准化的法商产品。从员工管理方面来看，可以实现品牌统一、全国联动、全球互动、业务协作等优势，从而吸引更多的优质律师加入律所。从营收创效上看，会在一定程度上提高律师人均产值、非讼营收，实现业绩倍增。

"法律+"是行业发展的新业态，是一个全新的概念，也是一种思维。"法律+"是将各种知识灵活融汇贯通于法律事务的新思维。未来律师业务的发展必然是朝着资本化、商业化、产品化、科技化的方向发展的。在利用互联网改造法律服务逐渐成为潮流的大时代背景下，律师要突破固有的执业思维，对律师业务进行创新，致力将互联网上无形的服务转化为现实中有形的产品，并不断地进行迭代优化。这个过程可能会持续五年、十年甚至二十年，但幸运的是"骏铎"已经起步，而且未来可期，相信该所的"智慧化"建设定会一步步变为现实！

　　未来，"骏铎"将依托滴慧商学这一智慧平台，逐步壮大律所，建立全国律所联盟，并将教育培训作为业务入口，通过线上和线下相结合的方式来开拓和积累更为广阔的客户群，以增强律所的影响力，提升业务的成交量。

【延伸阅读】

律所改变传统管理模式的举措

　　律所改变传统管理模式，应做到如下几点：

　　①改变传统的管理模式，注重对合伙人和律师的管理，更有助于保障律所的正常运行和决策的合理性。

　　②改变传统的业务经营模式，注重团队的专业化分工与协作，有助于提高工作效率和律师个人业务水平。

　　③改变传统的利益分配模式，注重长远利益和可持续发展，有助于增强律所竞争力和律师的归属感。律所的管理者要转变观念，摒弃律所中的个人私利，实现资源共享。从青年律师角度出发，公司化律所更适合青年律师的发展，毫无疑问这样的律所可以留住人心，增强团队的后续发展力量。

　　④改变传统的经营理念，注重律所的文化建设，有助于律所形成独有的凝聚力和品牌特色。律师事务所要想在法律服务市场大潮中乘风破浪，就需要有一支富有战斗力的律师团队，律所通过文化建设能够在相当程度上将合伙人和律师凝聚起来，增强员工对律所的认同感，最终提升律所的整体软实力和品牌影响力。律所只有拥有了优秀的文化，才能不断提高法律服务品质，增强事务所的市场竞争实力，最终实现较大发展。机遇与挑战同在，风险和回报共存，我们有理由相信，通过对律所的改革创新和文化建设的不断探索，律所必将会朝着专业化、规模化、品牌化的发展道路前行！

　　从大的方向来看，"骏铎"也更希望可以与企业、高校、研究机构、法院、检察院、行政部门、用户共同构建"智能法律生态"。在这个生态下，数据可以相互打通并共享、研发成本可以通过公摊的方式解决、人才也可以基于生态快速培养。当然，智能法律生态的形成不是一朝一夕就能实现的，而是需要律所沉下心来做好基础工作，在基础设施完备后再去做生态构建，借助生态完成传统律所向智慧律所的转型。

第十六节　广西华震律师事务所的"智慧化"建设

一、律所简介

广西华震律师事务所（以下简称"华震"）成立于1992年，是经广西壮族自治区司法厅批准改制成立的合伙制律师事务所。"华震"擅长办理商事合同纠纷代理、行政诉讼、企业改制及破产清算、金融房地产、刑事辩护、保险纠纷、人身损害赔偿、劳动人事争议等业务，兼顾办理其他诉讼和非诉讼法律事务。"华震"秉承"依法维权，诚信执业"的原则，忠于事实和法律，热忱为社会各界提供优质高效的法律服务，并不断拓展新的业务领域，致力于满足客户不断发展的新的服务需求。

"华震"紧紧围绕"坚定信念、精通法律、恪守诚信、维护正义"的律师工作总体要求，积极践行习近平提出的"努力让人民群众在每一个司法案件中都感受到公平正义"的指示精神，充分运用扎实的法律知识和丰富的办案经验，优质高效地为当事人提供法律服务，切实维护当事人的合法权益。2017年，该律师团队共办理交通事故类诉讼案件129件，受到了当事人的普遍赞誉。

截至2017年4月，"华震"拥有正式律师18名，实习律师3名，行政辅助人员2名。律师团队涵括了民商事、行政、刑事等方面的专业律师，主要为西南政法大学、广西大学等国内知名全日制高校法律本科毕业生，具有扎实的法学理论基础、丰富的执业经验以及良好的职业道德。

"华震"大部分律师拥有长达十年以上从事法律业务的经历，之前曾就职于法院、检察院、劳动仲裁委、高等院校等机构，熟悉各部门的办案模式和流程，具有办理相应业务的丰富经验。自2000年以来，"华震"多次获得市级及自治区级优秀律师事务所荣誉称号。

"华震"是一家注重团队管理、相互合作的律师所，擅长运用团队的力量协同作战。近年来，"华震"办理了多起在广西颇有影响力的案件。

华震所先后担任柳州市人民政府、柳江县人民政府、柳州市柳东新区管委会、武宣县人民政府、广西华力集团有限公司、柳州延龙汽车有限公司、柳州市区农村信用合作联社柳东信用社、柳州市供电局、融水苗族自治县人民医院等多家政府（部门）、金融机构、企事业单位的法律顾问，并与中国农业银行立新支行、中国工商银行、柳州银行等保持着良好的业务合作关系。

广西华震律师事务所在为当事人提供优质高效法律服务的同时，切实履行律师的社会责任，认真践行社会主义核心价值观。2017年，"华震"积极开展扶弱济困活动，为弱势群体提供帮助，向社会展示了新时代律师的正能量，取得了良好的社会效果。

在履行法律援助义务方面，"华震"积极办理法律援助案件，为受援人提供及时而有效的法律服务。2017 年，"华震"共办理法律援助案件 19 件，比上年增长 11.7%，其中刑事案件 14 件，民事案件 5 件。

在捐资助学方面，"华震"从 2012 年起一直资助融水苗族自治县一位少数民族贫困女生何某某，帮助其完成初中至高中学业。2016 年 7 月在她考取华侨大学后，"华震"决定继续资助她，直至大学本科毕业。

多年来，"华震"持续组织开展了一系列公益活动：爱心助学、扶弱济困、法律援助、法律服务进社区、义务植树造林等。这些活动的开展，充分展现了"华震"强大的凝聚力和向心力，体现了"华震"强烈的社会责任感和扶危济困、热心公益的美好情操，树立了该所良好的社会形象。

二、律所的"智慧化"建设举措

互联网时代，人工智能在管理过程中的作用越来越强大，电脑代替人执行部分管理职能已成现实，减少管理层次，使组织扁平化、网状化必然成为普遍的模式。

新的时代给律所发展提出了新的要求，"华震"深刻认识到了互联网时代的特点，开始创新律所管理模式，并引进了智能化律所办公系统。

广西华震律师事务所专职执业律师林古泉，法学本科毕业，受过全面系统的法学理论教育；1980 年参加工作，长期在国有企业从事经营管理工作，有丰富的实践经验；擅长房地产、保险理赔、交通事故、医疗纠纷、合同纠纷及婚姻继承案件；还担任着多家房地产公司、企业及个体业主的法律顾问。

"华震"在林古泉律师的带领下创新地引进了滴慧商学智能直播系统，建立了一个律师和企业家共同在线学习的交流平台。

滴慧商学智能直播系统运用的是第四代互联网直播系统，通过滴屏链接，可以系统解决远程会议、远程会诊、远程培训三大问题，帮助律所极大地提升了工作效率，改变了固有的工作模式，实现了信息化办公。

在未来的发展中，人工智能将会以不可预估的速度继续发展并实现更多的功能，这对未来律所以及律师群体的发展起着非常积极的作用。未来人工智能下的法律行业将逐步实现法律文件自动化、法律服务商业化、法律援助可得化、法律行业透明化、法律裁判算法化，而中国的律所也将加快信息化建设，努力向智慧律所转型，实现大数据与人工智能下的创新迭代。

第四章　智慧法院、智慧检务、智慧公安、智慧司法等行业发展现状

第一节　智慧法院

一、智慧法院的概念

智慧法院是依托现代人工智能，围绕司法为民、公正司法，坚持司法规律、体制改革与技术变革相融合，以高度信息化方式支持司法审判、诉讼服务和司法管理，实现全业务网上办理、全流程依法公开、全方位智能服务的人民法院组织、建设、运行和管理形态。

通俗来讲，智慧法院是建立在信息化基础上的对法院的一整套智能管理体系，如果把智慧法院系统比喻为人的大脑，那么信息化建设及各类制度软件设置则可比喻为神经中枢，通过神经中枢管理人的大脑，并基于人类大脑支配人类的各个器官及肌体。而现在的努力方向，就有些类似于人类从猿人到智人的进化过程。这种进化，甚至有可能赋予人类大脑除自我管理之外更多的对外沟通交流、合作、分析处理等功能，体系越健全，合作就越紧密，相处就越和谐。

党的十九大报告指出，中国特色社会主义进入新时代，我国社会主要矛盾已经转化为人民日益增长的美好生活需要和不平衡不充分的发展之间的矛盾。经济社会高速发展的同时，人民群众对美好生活的期待和渴望自然而然地显得更加现实与迫切，智慧法院应继续保持过去五年勇往无前的发展势头，从实际应用出发，从节约资源出发，从方便工作出发，从服务群众出发，真正成为法院执行过程中的"最强大脑"，充分满足党和人民群众对审判执行工作的期望和需求。

法院的信息化建设不仅是国家信息化建设的重要组成部分，还与司法改革一起组成了人民司法事业发展的两架马车、两只翅膀，是新时代人民法院维护社会公平正义、满足人民群众司法需求的关键。近几年来，最高人民法院越来越重视信息化建设，全国法院"天平工程"（即"国家司法审判信息

系统工程"）建设正在不断推进。在全国四级法院的不断努力之下，四级法院"全覆盖"的良好互动格局已初步形成。

截至 2015 年，法院信息化基础设施建设基本完成，核心应用系统日益成熟，司法信息资源的搜集整合及管理使用已经有了初步的成效，信息化保障体系不断完善，目前高级人民法院主要业务信息化覆盖率已达到 100%，中级人民法院和基层人民法院也已分别达到 95% 和 85% 以上。中国法院已经建成以互联互通为特征的人民法院信息化 2.0 版。以此，人民法院已基本实现网上立案、网上办案，"智慧法院"大数据生态圈正在积极地构建。

【延伸阅读】

着力补齐短板，加快建设智慧法院

2017 年 3 月 31 日，最高人民法院信息化建设工作领导小组召开 2017 年第一次全体会议，最高人民法院院长、信息化建设工作领导小组组长周强主持会议并讲话强调，要认真学习贯彻习近平总书记系列重要讲话精神和治国理政新理念、新思想、新战略，全面贯彻落实党的十八大和十八届三中、四中、五中、六中全会精神，认真贯彻落实十二届全国人大五次会议决议，充分认识智慧法院建设面临的新形势新机遇，大力加快智慧法院建设步伐，促进审判体系和审判能力现代化，推进司法为民、公正司法，努力实现让人民群众在每一个司法案件中都能感受到公平正义的目标。

会议听取了最高人民法院信息中心和相关部门的工作汇报，审议并原则通过了《最高人民法院信息化建设工作领导小组 2016 年工作报告及 2017 年工作重点》《最高人民法院关于加快建设智慧法院的意见》《人民法院信息化项目建设管理办法》《法院信息化基本术语》等文件。

周强指出，2016 年，在以习近平同志为核心的党中央的坚强领导下，在中央政法委直接领导下，各级法院贯彻落实最高人民法院决策部署，深入推进人民法院信息化建设，取得了令人振奋的成绩，为智慧法院建设奠定了坚实的基础。人民法院信息化建设在支持全业务网上办理、全流程依法公开、全方位智能服务等方面取得了显著成效，法院工作呈现出服务便捷化、审判智能化、执行高效化、公开常态化、管理科学化、决策精准化的趋势和特征。全国法院专网实现全覆盖，建成了覆盖全国四级法院的执行流程信息管理系统、人事信息管理系统、数字图书馆等平台。司法统计基于大数据管理和服务平台实现了自动生成，彻底告别人工统计时代。辅助法官办案的"法信"平台、"智审"系统等智能化应用在全国逐步推广应用。已建成中国庭审公开网，智慧法院基本格局初步形成，信息化已经成为促进审判体系和审判能力实现现代化的重要驱动力。

周强指出，要把握时代机遇，认清差距、永不满足，进一步加大人民法院信息化建设力度。习近平总书记深刻指出，没有信息化就没有现代化。当前信息化迅猛发展，以大数据、云计算为代表的信息技术正重塑着社会生产、生活的结构面貌。国家大力实施网络强国战略、大数据战略和"互联网＋"行动计划，将智慧法院建设纳入《国家信息化发展战略》和《"十三五"国家信息化规划》，充分体现了党中央对人民法院信息化和智慧法院建设的重视和支持，正在全面深化的司法改革为智慧法院建设提供了广阔的发展舞台和空间。要充分认识到人民法院信息化建设面临的新形势新机遇，同时也要清醒地看到信息化建设还与人民群众和法院干警的要求存在着巨大差距，应紧紧围绕人民法院信息化 3.0 版建设目标，着力补齐短板，切实加快建设智慧法院，促进审判体系和审判能力现代化，努力实现让人民群众在每一个司法案件中都能感受到公平正义的目标。

周强强调，要准确把握建设智慧法院的意义、目标和任务。要深刻认识建设智慧法院对于贯彻落实国家重大发展战略，服务党和国家工作大局，促进国家治理体系和治理能力实现现代化的重要意义。要着力构建网络化、阳光化、智能化的人民法院信息化体系，使信息化更好地服务法官办案、群众诉讼、司法管理、国家治理。要切实把握建设智慧法院的总体要求，坚持统一规划、积极推进，融合共享、高效智能，创新驱动、安全发展，以最高人民法院和各高级人民法院信息化建设五年发展规划为指导，依据人民法院信息化标准，结合各地实际，主动作为、扎实有序推进智慧法院建设。

周强强调，要坚持目标导向、问题导向、需求导向，突出主攻方向，着力在重点领域取得突破。要全力推进法院核心业务网上办理，推动电子卷宗随案同步生成和深度应用，实现线上线下业务办理无缝对接，为法官全流程网上智能办案、审判管理人员网上精准监管创造条件。要全力推进电子诉讼普及应用，让诉讼更加高效便捷，努力减轻人民群众的诉讼负担。要全力推进审判执行工作的智能化支持，不断提升智能化服务水平。要以司法案例研究院、司法大数据研究院等为依托，持续推进大数据深度开发和应用，加强专题分析研究，服务司法决策和国家治理。要积极构建司法公开集成和监管平台，进一步加大司法公开力度，树立良好的司法公信力。要加强理论研究和科技创新，大力加强人工智能在司法领域中的应用，为法院现代化注入新动力。要高度重视信息化的基层基础工作，加大对基层信息化建设的支持力度，不断提高基层法院信息化建设水平。要高度重视网络安全和网络保密工作，牢固树立安全意识，提高基础信息网络和重要信息系统的安全保护水平。要理顺工作体制机制，加强服务保障，形成有效合力，推进信息化建设不断迈上新台阶。

二、新时期智慧法院建设的价值及展望

智慧法院建设既是人民法院在信息化和"互联网+"时代加强自身建设和强化职能服务的客观需要，又是国家信息化建设和法治社会建设的重要组成部分，因此对内体现为对法院审判工作的内向价值，对外体现为对法治社会进程的外向价值，具体可以从以下几点来看。

（一）对法院审判工作的内向价值

第一，改变了法院传统的办案方式。信息化建设突破了手写记录，纸质文件传送、归档等传统方式，依托成熟的网上办公办案系统，进行无纸化记录、撰文和网上传阅调阅文件，实现了电子档案与纸质档案的同步生成，大大增加了办公办案的公正性和透明度。传统模式下，数据统计由人工完成，不仅工作量大，还容易出现误差及统计不全面等问题。在信息化条件下，每个案件自立案起，计算机网络系统就开始自动生成各项统计数据，如全院、部门和办案人员收结案统计，案件性质和案由统计，超审限案件统计以及案件的裁定、判决、调解情况统计等。自动生成的统计数据不但准确无误，而且信息量大，随要随调，大大减少了统计人员的工作量。

第二，有助于缓解日益繁重的案件压力。随着社会转型期矛盾和冲突的不断加剧以及经济社会发展的日益多元化，人们的法律意识和维权意识不断增强，各项法律制度不断健全完善，法院审理的案件逐年增长，新类型案件不断出现，法官审判工作的压力也愈发繁重。法院"案多人少"的问题非常突出。目前，法院司法资源不足、案多人少、缺乏培训等现象越来越明显，职能作用的有效发挥与群众对司法需求的不断增长的矛盾成了法院工作面对的主要问题。信息化手段具有信息处理快速、查询方便快捷、流程化运行、客观公正等优势，它的运用改变了以往靠手工操作的传统工作方式，极大地提高法院的工作效率，减轻了法官的工作负荷，可以对司法资源进行合理有效的配置。

第三，有助于提高司法效率。效率一直是司法的价值所在和内在要求。法院的裁判不但需要公正，而且需要效率，效率就蕴含在公正之中，矛盾纠纷应当及时地被化解，合法权益应该及时地被保护，司法的权威要由公正与效率共同来体现。法院信息化在为法官日常工作带来便捷的同时也大大地提

升了司法的效率，确保了诉讼能够不被迟延地进行审理。特别在近几年，人民法院收案量呈爆炸式增长，审判执行任务日益繁重，而信息化恰是应对上述问题的灵丹妙药——它使审判方式发生了极大变革，大幅提高了审判效率。

第四，有助于实现审判管理现代化。信息化建设推动了审判管理的改变，过去"人盯人、人盯案"的落后管理模式也随之被现代化、专门化的网络实时监督管理所取代。实现案件全程跟踪管理，各类审判和执行案件相关受理、分案、审理、审批等程序均在网上完成，为审限节点管理和实时动态监督提供了平台；案件审理的流程信息和证据及庭审音视频等实体信息的管理和应用，实现了静态监控和动态管理的结合，为审判监督提供了实时、动态的信息支持。为案件质量评查和错案追究提供了依据，依托网上办案建立的电子执法责任档案，真实、详细地记录了单位和审判人员在办理案件各环节的执法情况，以及因办案发生的上访、投诉、赔偿等情况。全程同步录音录像，使庭审"可定格""可再现""可复制"，加强了对案件的全过程监督和全方位管理，促进了庭审的规范化。

第五，有助于提高法官的司法能力。随着我国经济社会的发展，各种利益互相交织，诉讼主体呈现多元化，法律关系更加复杂。法律制度机制尚不完善，新的法律问题又层出不穷，造成了社会矛盾突出、纠纷冲突不断、治安形势严峻、利益难以平衡，给法院调处矛盾纠纷和保护当事人合法权益带来了巨大的压力和挑战，这些也对法官提高司法能力和水平提出了更高的要求和期待。法院信息化为法官司法能力和司法水平的提升搭建了平台，通过视频会议系统法官可以对案件展开讨论交流，有利于统一办案尺度和交流办案经验；通过互联网法官可以参加远程法律课程的培训，提升理论素养和业务技能；通过数字化法庭的运用法官可以随时查看书记员的记录情况、对各类证据进行展示，进而有效地控制和驾驭庭审。

（二）对法治社会进程的外向价值

第一，确保司法公正的需要。司法公正是人民群众最为关切的现实问题，也是人民法院工作不懈的追求。人民群众对法院的司法裁判总体上是认可的，但是也应当看到，实践中也存在着个别案件因为种种原因而出现裁判不公的现象，人民群众对此反映比较强烈。法院如何通过对案件的审理让人民群众真真切切地体会到公平正义？信息化手段用规范的程序化方式，以及对审判信息内容公开的过程为司法公正提供了坚实的技术保障，克服了法官裁判权高度集中的弊端，避免了群众因庭审不够规范，程序不够到位，作风不够严谨而产生的合理怀疑，能够有效防止"关系案""金钱案"和"人情案"问题的出现。例如，法官办案辅助平台，在减轻法官工作量的同时，又降低了法官同案不同判的风险，保障了司法公正。

第二，推进司法公开的需要。正义不但要实现，而且要以看得见的方式实现。随着法治建设进程的加快，人民群众对司法公开透明的期待也更加强烈。实质上，司法要获得群众的认可和信赖，就必须要有广泛的群众基础，司法的透明能够满足群众对公平正义的期待，从程序上保障了司法体制及其运作的公开透明。强调司法的公开与透明就是要求严格执法、认真办案，自觉地维护法律的尊严，使群众以看得见、听得到的形式了解和感受司法公正的所在，建立对司法工作的信任感。

第三，方便群众诉讼的需要。人民性是我国司法的基本属性，人民法院只有逐渐完善便民诉讼措施才能不断赢得群众基础，提升司法公信，而信息化为扩充便民诉讼路径提供了无限可能，为法院搭建了联系社会的桥梁和服务社会的窗口，在便民、利民方面发挥了积极作用。许多法院开通了集立案、信访、投诉、信息查询功能于一体的诉讼服务中心，并开通了网上诉讼服务中心和 12368 诉讼服务平台。群众无论是亲临法院诉讼服务大厅，还是登录网上诉讼服务中心，抑或拨打 12368 诉讼热线，都可以一站式办理各类诉讼事务。

第四，加强司法监督的需要。任何权力都要受到监督，法院的审判权同样也要受到监督才不会被滥用。尽管近年来法院司法廉政建设取得了很大成效，但还是存在廉政制度不落实、监督不到位的情况，违反法律规定，不严格按程序办事，暗箱操作的情况还或多或少地存在。法院借助信息化管理可以强化内部监督，使案件的运行情况始终处于严密的监控之中，能够实现对审判过程结果和质量效率的全面、动态、及时的监督。利用现代科技手段和信息化技术，构建全方位、多层次、立体化的信息化执法监督新格局，可以实现对审判的内部监督工作全过程无缝隙覆盖。

三、智慧法院与智慧律所的对接

智慧法院的建设正在如火如荼地开展，然而在基层法院建设过程中也存在信息化水平参差不齐、建设资源共享不充分等问题，其中最重要的问题就是如何互联互通。而这一问题在律所的信息化建设过程中也普遍存在，由于很多律所都独立开发或使用不同的 OA 办公系统，资金耗费大，使用群体少。另外，律所实力的不同直接导致使用的系统水平参差不齐，且律所内部独立使用致使信息孤岛形成，没有实现共通共享。如果律所以如此现状对接智慧法院，那就是一个智慧法院对接成千上万个律所，解决对接入口和出口的问题将是一项非常浩大的工程。

滴慧商学"智慧律所百城千创工程"的启动，是律师事务所实现信息化管理、加快自身发展建设和强化专业水平的客观需要，旨在通过智能化平台将全国 100 个城市 1000 家律师事务所链接在一起，以律所为主体，以金融为保障，以科技为支撑，打造信息化法律服务系统，推动律所信息化发展，增强律所的核心竞争力，促进法律服务市场实现结构性变革。这对加快国家信息化建设和推进法治化进程具有重要的战略意义。

通过打造智慧律所系统，平台可以直接连通所有律所，与法院对接也可以"一对一"模式完成，省时、省力、可操作性高，可以帮助律所对接智慧法院的实践要求，实现与智慧法院的全面对接，从而解决智慧律所的出口和入口问题，达到既服务法院，又服务律所的双重效果。

【延伸阅读】

破局成长型律所发展之道，"区块链＋人工智能"赋能 中国律所发展论坛在京圆满落幕

图 4-1-1　第三届"区块链＋人工智能"赋能中国律所发展论坛开幕

2018 年 7 月 27 日—29 日，由北京大学法商课题组提供学术指导，滴慧集团主办的第三届"区块链＋人工智能"赋能中国律所发展论坛在北京泰山饭店盛大召开，如图 4-1-1，本次论坛邀请了行业顶尖专家学者、法律精英担任主讲嘉宾，与来自全国各地、海峡两岸近 200 位律所主任进行了深入的交流与探讨，大家分享了诸多真知灼见、行业干货知识及对行业的深刻洞察，如图 4-1-2 为各律所主任的合影。

图 4-1-2　各律所主任合影

高度强：将企业家装进律所，让律所具备开拓市场的能力

截至 2017 年 7 月底，中国小微企业名录收录的中小微企业已达 7328.1 万户。中小微企业（含个体工商户）占全部市场主体的比重超过 90%，贡献了全国 80% 以上的就业，70% 以上的发明专利，60% 以上的 GDP 和 50% 以上的税收。庞大的中小型企业为律师带来了巨大的法律服务市场，在大所攻城略地的形势下，如何抢占企业市场，具备开拓市场的能力，成了成长型律师事务所迫切关注的问题。

图 4-1-3　滴慧商学创始院长高度强

　　北京大学法商课题组主任，滴慧商学创始院长高度强老师在论坛上深度剖析了成长型律师事务所的发展困境，如图 4-1-3 他讲道，成长型律师事务所的发展关键在于思维的创新，一个现代化高效运营的律所，律所主任作为律所的 CEO，需要改变思维模式，拥有老板的思维，把律所当成商业机构去运作，这样思维和格局将会大不一样。律所要想做强做大，首先应该具备上游产业思维，掌握更多律师资源，获得规模优势；其次应该具备开拓业务的能力，将业务掌握在律所的手里，制定标准化、可复制的法律产品，以项目制形式将业务分配给多个律师，将控制权掌握在律所手里。

图 4-1-4　区块链资深从业者、法学硕士六苏先生

　　六苏：法律人如何驾驭汹涌而来的区块链新浪潮

　　区块链技术作为下一代数字化产业的底层架构，将提高生产效率，改变现有的社会生产关系，形成新的商业形态，最终实现万物互联。对于区块链产业的法律需求，作为区块链资深从业者、法学硕士六苏先生提道，如图 4-1-4，区块链领域律师可以提供包括投融资、矿场对外转移、境外交易所和 ICO 的设立等服务，打造相对比较标准化的法律服务产品。比如在境外 ICO 中，律师可以为项目在境内提供合规方面的服务，开展境外相关法律政策的研究，同时对接境外的律师资源。现有监管环境下，一些比特币矿场希望转移到境外，也会涉及对外投资的相关法律问题等。

　　六苏先生还表示，未来，希望有更多的律师能够参与到区块链技术中，为我们带来一个更公正、透明、安全的交易环境，构建更高信用度的社会。

图 4-1-5　北京市易和律师事务所主任池英花

池英花：文化信仰驱动律所发展

律所发展的文化是什么，是所有合伙人对所在律所发展的一个共同价值观和共同发展目标的认可和追求，北京市易和律师事务所主任池英花在论坛上强调，如图 4-1-5，"律所的文化是律所发展的灵魂，它具有引领着你不由自主地走一条路的作用"。作为律师事务所主任，更应该担负起法律行业的特殊使命，不断地探索律所文化，参与到律所的文化建设中去，利用文化驱动律所的发展。

池主任还讲道，律师事务所要想发展，必须走公司化道路，摒弃传统的钓鱼式服务，主动探索新的服务模式，研发标准化的法律产品，利用平台联盟优势，建立培训发展机制，开拓法律服务市场。

图 4-1-6　各律所主任参观北京市易和律师事务所

　　作为律师事务所特色发展典范，7月29日下午，主办单位组织参会的200位律所主任参观了北京市易和律师事务所，如图4-1-6，律所主任池英花律师、党支部书记牛琳娜律师对于大家的到来表示热烈的欢迎，详细介绍了律师事务所的文化建设、党建活动、部门业务、律所特色等，并就律所业务发展、律所管理等方面与参观的主任进行了深入的沟通、交流和探讨。

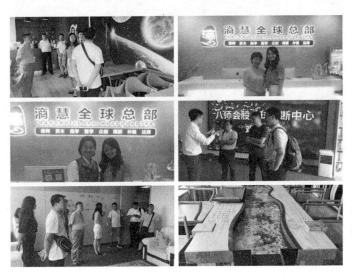

图 4-1-7　滴慧全球总部

　　同时，参会主任还参观了滴慧全球总部，如图4-1-7、图4-1-8，滴慧全球总部位于北京的中轴线——盘古大观，毗邻国家体育馆、奥林匹克公园，在此可直接俯瞰京城独一无二的瑰丽景观——水立方、鸟巢。

图 4-1-8　滴慧全球总部

143

滴慧全球总部工作人员接待了来访的律所主任，引领主任们参观了全媒体多功能演播厅、共享智能办公室、共享办公区、接待室、智能咖啡厅等。

图 4-1-9　各律所主任进行高峰论坛

两天两晚的精彩内容分享与高峰论坛对话，如图 4-1-9，虽使在场的律师同仁略显疲惫，但他们的内心是激励无比的，这是一次真诚的分享，这是一场思维的颠覆。随着中国创新驱动发展战略的加快实施，成长型律师事务所应该顺势而为，充分借助当前"跨界、共享、人工智能"等核心趋势，打造法商新生态，赢得更大的发展。

第二节　智慧检务

一、智慧检务的概念

智慧检务，是依托大数据、人工智能等技术手段，进一步促进检察信息化建设的更高形态，是实现检察工作全局性变革的战略转型，也是影响深远的检察工作方式和管理方式的重大革命。

智慧检务借助日益发展的互联网技术和无线通信技术，打造了移动检务系统、学习圈、电子检察工作站等一系列顺应司法改革新要求的智能应用系统，推动了办案与新科技的深度融合，有效地提升了司法质效和公信力。

智慧检务体系大体上可以分为三大模块：智慧办案、智慧服务、智慧管理。

（一）智慧办案

智慧办案模块具有以下三大系统：

1.统一业务应用系统

2013 年，检察机关开始着力推行统一业务应用系统。该系统有效保证了严格执法，避免了办案的随意性，便于强化监督和制约。案件通过网络在各办案环节和审批层级之间流转，从受理到办结全程网上运行，程序公开透明，极大地提高了效率，缩短了办案周期。该系统是一个纵向贯通、横向集成、资源共享的执法平台，使检察机关实现了执法规范化、管理科学化。

2. 远程提讯系统

远程提讯系统是具备跨地域讯问、电子笔录制作、远程打印和同步录音录像等功能的全数字化系统，以信息化手段有效提高了办案提审效率，避免了办案干警因往返看守所而浪费大量时间的情况，节约了司法成本。

3. 智慧互动黑板

"智慧互动黑板"是以信息化引领检察工作实现现代化的一个大胆尝试。该黑板采用全球领先的纳米触控技术将传统的手写黑板和多媒体设备相结合，在粉笔板书和多媒体应用之间轻松切换，真正做到了传统和现代的有机结合。

检察人员在汇报案件过程中凭专用笔或手指点击相关功能链接，将案件主要犯罪事实、证据投影到投影板上，可以更加清晰地反映案件线索、脉络。利用该黑板讨论案件，集声音、视觉与行为于一体，讨论的内容更直观活泼，完全突破了"照本宣科"式的汇报和PPT讲案的局限，实现了"思维可视化"的理念。

（二）智慧服务

智慧服务模块主要指社区电子检察工作站，它借助互联网信息技术，变群众跑腿为信息跑路，让人民群众能更便捷地了解、监督检察工作，更加直接有效地建立起了检察机关服务社会、关爱民生、化解矛盾、促进和谐的长效机制，打通了联系服务群众的"最后一公里"。

智慧服务模块还包括多媒体信息发布系统。多媒体信息发布系统是利用电视显示屏将检察院各类活动的宣传、实时通知全方位展现出来的一种高清多媒体显示技术。系统将音视频、电视画面、图片、动画、文档、网页、流媒体等组合成一段段精彩的节目，并通过网络将制作好的节目实时地推送到显示终端，从而将精彩的面画、实时的信息在指定场所全方位地展现在人们眼前。

（三）智慧管理

智慧管理模块主要指移动办公应用系统，该系统旨在借助日益进步的手机无线信息技术和互联网技术，打造检察院移动办公网络体系。只需一部手机，即可随时随地进行各类办公流程的发起、签批，方便快捷，该系统还具有值班管理、日常考勤、信息采集、收发通知、会议签到、手机订餐、访客管理、智能通讯录、一键报警系统、车辆定位系统等功能模块，极大地提高了工作效率。

【延伸阅读】

最高检建数据中心，检察信息化进入"智慧检务4.0"时代

2017年6月12日，最高人民检察院印发《检察大数据行动指南（2017—2020年）》，要求全国检察机关依托大数据及智能语音等前沿科技，统筹利用以司法办案数据为核心的检察数据资源，建立检察大数据总体架构，营造大数据应用良好生态，打造"智慧检务"。

根据《检察大数据行动指南（2017—2020年）》提出的检察大数据的建设目标和发展路线图，2017年至2020年重点落实"一中心四体系"的建设任务。

在启动阶段，要求在2017年底前，初步建立检察大数据标准规范体系；启动高检院本级和试点地区检察大数据中心建设；启动司法办案、管理决策、服务为民等大数据应用试点；探索检察大数据管理机制，初步建立检察大数据应用生态。

全面试点阶段则要求在2018年底前，建立检察大数据业务流程规范，完成高检院本级和试点地区检察大数据中心建设；全面推进大数据在司法办案、管理决策、服务为民等各项检察工作中的试点应用；在试点地区推行检察大数据管理机制，探索大数据运维模式、科研支撑模式；组织开展大数据应用效果评估。

2019年至2020年为应用推广阶段，《检察大数据行动指南（2017—2020年）》要求建立完善的检察大数据标准体系和资源共享机制；完成国家检察大数据中心建设，建立完善的大数据管理运维、科研支撑模式和良好的检察大数据应用生态，全面推进大数据在智慧检务工作中的应用，并启动下一阶段大数据建设规划工作。

何为"智慧检务"，顾名思义就是以电子检务工程为抓手，集"信息感知、网络传输、知识服务、检务应用、运行管理"为一体的检察信息化应用体系，它通过运用云计算、大数据、物联网、人工智能等新技术，促进了检察工作与信息化的深度融合，实现了"人在干，数在转，云在看"。

根据前瞻产业研究院发布的《2017—2022年中国电子政务发展前景与投资战略规划分析报告》，检察信息化建设历程，大致可分为四个阶段：数字

检务 1.0，即早年讲的办公自动化；网络检务 2.0，即建设检察机关网络；信息检务 3.0，就是大规模的开发应用，如检察机关对统一业务应用系统的部署；"智慧检务" 4.0，即"互联网＋检察工作"。

2016 年 9 月最高人民检察院印发《"十三五"时期科技强检规划纲要》，明确要求到 2017 年底，建成覆盖全国四级检察机关涵盖司法办案、检察办公、队伍管理、检务保障、检察决策支持、检务公开和服务等在内的电子检务工程"六大平台"；到 2020 年底，建成国家检察大数据中心，建立检务大数据资源库，全国检察机关主要工作都在"六大平台"运行。

二、智慧检务的"硕果"

智慧检务的持续推进，取得了良好成果。数据显示，自 2014 年 1 月检察机关部署统一业务应用系统以来，已有各类案件 1030 余万件在系统内运行，2016 年全国检察机关共制作电子卷宗 102 万件，向律师提供电子卷宗 10.3 万件，提供光盘 5 万余张，有效解决了律师阅卷难的顽疾。

另外，2014 年全国检察机关上线运行人民检察院案件信息公开网，截至 2016 年底，全国各级检察机关在人民检察院案件信息公开网共发布案件程序性信息 4494548 条、重要案件信息 204738 条、法律文书 1587940 份。

【延伸阅读】

智慧检务——检察工作创新发展的"新引擎"

《中华人民共和国宪法》规定，检察机关是国家法律的监督机关。为了更好地履行"强化法律监督，维护公平正义"的职责，我国积极拥抱大数据、云计算、人工智能等现代科技，提出了"智慧检务"的发展目标。

检察机关的信息技术应用在近二十多年来已经经历了四次大规模的迭代：1991 年 4 月，最高人民检察院成立自动化办公室，积极参与国家办公自动化计划，这是"数字检务 1.0"的开端；2000 年 1 月，《最高人民检察院关于在大中城市加快科技强检步伐的决定》发布，检察机关迈入"网络检务 2.0"时代；2009 年 8 月，《2009－2013 年全国检察信息化发展规划纲要》发布，"信息检务 3.0"时代到来；2015 年 7 月，在最高人民检察院"互联网＋检察工作"座谈会上，曹建明检察长首次提出"智慧检务"，正式开启"智慧检务 4.0"新时代！

在 21 世纪之初，检察机关信息化建设的步伐明显加快，一级专线网数字化改造工程、"213"工程、"151"工程、"1521"工程纷至沓来；2009 年在"全国检察机关技术信息工作会议"确定"四统一"（包括统一规划、统一标准、统一设计、统一实施）的顶层设计之后，检察信息化更是突飞猛进；2015年，国家发展改革委批复电子检务工程（中央本级）初设报告和投资概算，吹响了新时代检察信息化冲锋的号角！2016年，我国发布了《"十三五"时期科技强检规划纲要》；2017年，又发布了《检察大数据行动指南(2017—2020年)》。

自2013年以来，全国检察机关相继有三大系统上线运行：统一业务应用系统、案件信息公开系统、电子卷宗系统。

随后，2016—2017年，覆盖全部检察工作的司法办案、检察办公、队伍管理、检务保障、决策支持、检务公开和服务的"六大平台"研发完成并陆续上线运行，智慧检务的"四梁八柱"已初具规模："四梁"即全业务智慧办案、全要素智慧管理、全方位智慧服务、全领域智慧支撑四个领域；"八柱"即司法办案、检察办公、队伍管理、检务保障、检察决策支持、检务公开和服务、联合创新、安全运维八个平台。预计到2020年，智慧检务的"一体两翼"将能够承载着全国近百万名检察人的期盼与梦想，腾飞远航！

新的时代，数据就是新的石油，作为新世纪最珍贵的财产，谁掌握数据，谁就掌握了主动权。工欲善其事，必先利其器，要打造"大数据＋检察工作"的智慧检务应用，必须首先掌握融汇及整合大数据的能力。最高人民检察院带头建立起现代化的"国家检察数据中心"，统一建立覆盖全国的"检察专线网"，指导各地检察机关探索建立"检察工作网"，号召全国检察机关积极拥抱"互联网"，三张密织的网络分别让我们能够融汇起内生数据、共享数据和公开数据。

在"检察专线网"上，运行"统一业务应用系统"，检察工作日常办案程序和内容"全程留痕"，通过"电子证据云平台"，全国千余家检察机关的电子证据实验室实现远程协助和数据交换，这些是我们最基础的"内生数据"。

通过"检察工作网"，检察机关与各机关、各行业实现数据共享：公检法办理刑事案件的"电子卷宗"流转畅通无阻，通过"行政执法与刑事司法'两法'衔接"平台，行政执法部门的执法数据可纳入检察监督视野。

在"互联网"中，每天TB级的海量数据，也源源不断地汇入检察机关的"知识图谱"之中，基于互联网大数据产生的"智能"广泛应用于网络舆情研判、类案推送、案件分析、纠错和预警等场景。

"统一业务应用系统"自正式运行以来，不断迭代升级。办案数据的网上流转、"全程留痕"，强化了办案人员的程序意识和责任意识，杜绝了办案的随意性，最大程度上避免了冤假错案的发生。

"统计子系统"的研发应用，标志着"统一业务应用系统"办案、管理、统计"三位一体"的全面实现，对深入推进司法改革、规范司法行为有着重要的意义。

2017年，"统一业务应用系统"进行了自部署以来最大规模的一次升级，升级的内容包括健全司法办案组织及运行机制、明确权力清单等多方面内容，这次升级的本质是运用科技信息手段深化"司法体制改革"、推动"司法责任制"和"新办案机制"落地生根、巩固改革成果。升级之后的"统一业务应用系统"无疑将使检察官办案等司法行为更加规范、高效。

【延伸阅读】

全国各省积极推行检察信息化建设，智慧检务成大势所趋

贵州是全国首个国家级大数据综合试验区，贵州省检察机关的大数据运用也走在了我国前列。该省的"司法办案智能辅助系统"，从大数据中孕育出了感知能力：对案件事实与证据认定能够进行风险预警和监督纠正，帮助检察人员对案件进行更加精准的定性；通过绘制"犯罪构成知识"图谱，多维度分析刑法、刑诉法中规定的行为、事项和情节；检察人员还可通过该系统自动抓取犯罪嫌疑人信息、犯罪事实、证据材料等基础信息，并按照系统内的审查指引，逐一审核相关证据，确保证据充分、真实；一旦案件不符合证据审查指引的要求，系统会自动退回上一环节，解决了过去"起点错、跟着错、错到底"的问题。

目前，贵州全省100个检察院已经上线运行了故意伤害罪、故意杀人罪、抢劫罪、盗窃罪等四个罪名的智能办案辅助模型。

智慧检务能够让检察人员拥有人类感官之外延展的新能力。

浙江检察机关联手阿里巴巴共建"检务云"，建成"浙检云图""浙检云视""浙检云政"等平台，利用数据可视化，延展出检察人员多维度观察问题、分析问题的能力。"检务云"可实现数据分析结果的随需查询、展现和分布，通过业务全貌、重点评查、辅助决策和智能预判等可视化功能，帮助检察机关实现对重点工作的把握。

杭州市检察机关的"智慧公诉"辅助系统，集成了多项功能：远程提审，庭审让检察人员具有了"千里眼、顺风耳"，大幅缩短了提审、开庭时间；法律文书智能校对系统，具有智能纠错、自动排版等功能，又让检察人员仿佛有了"火眼金睛"；云端大数据可以辅助案件办理，实现案件信息的有效提取，为量刑研判、文书编写等工作提供了极大便利，就像"腾云驾雾"一

般潇洒自如。

山东检察机关开发的"远程智能庭审指挥监督系统",让出庭公诉人具备了联接"外脑"的能力,不再孤立无援:通过该系统,不但后方"智囊团"能为公诉人庭审"出谋划策",提升重大案件公诉质量,而且还可以通过"检度"智能检索平台,根据图片、视频、典型案例等不同来源,自动分类检索信息,并通过热度、相似度等关联信息,实现案件信息的快速检索。

重大刑事案件,案情复杂、证据获取难度大,且往往证据短缺、事实模糊,如何让办案人员把碎片化的证据"串"起来,形成对案件事实的内心确信,是摆在司法实践中的一道难题。北京市人民检察院第一分院研发的"刑事司法案件 VR 大数据建模犯罪现场还原系统",利用"虚拟现实 + 大数据建模技术"对犯罪现场进行还原、重建,并分析犯罪过程,包括物证信息的建模和展示,让办案人员能够拥有在三维空间中还原案发现场的能力,难题迎刃而解。

在江苏省多家检察院的案件管理大厅以及检察为民服务中心,我们都能看到一个憨态可掬、全天候为群众提供优质智能法律服务的"案管机器人",它忙碌在检察机关与人民群众沟通交流的前沿阵地,帮助检察人员做好接待工作,为群众提供案件信息查询、行贿犯罪档案查询、法律咨询等服务,为律师提供阅卷预约服务,它既是服务员,又是统计员、分析员。江苏省检察机关为案管机器人的未来规划设计了身份验证识别、事项办理引导、信息采集、信息查询、电子卷宗刻录、业务办理结果送达等六大功能,我们期待它早日升级成功。

公开铸就公信。"智慧检务"不仅让数据在内部流转顺畅,还让数据拥有了对外公开的能力。自 2014 年开始,人民检察院案件信息公开网在互联网上正式运行,全国四级检察机关秉承"依法、便民、及时、规范"的宗旨,始终坚持重要案件信息、案件程序性信息、法律文书的对外公开。

各地检察机关在运用物联网做好检务保障和管理方面,已经积累了较多经验。

在河北,早在 2015 年,邢台市临城县人民检察院就率先使用二维码管理涉案财物,为每件涉案财物打造唯一的"电子身份证",从立案侦查、审查起诉、案件审理直至判决生效、执行,全程一码,在此基础上建立了"涉案财物集中管理信息平台"。

在四川,成都市人民检察院牵头申请专项资金研发"检察机关刑事诉讼涉案财物 RFID 管理信息系统",依托物联网等技术,实现了涉案物品全程跟踪、自动盘库、非授权离场报警、敏感时间记录保存等各种功能,促进了涉案财物管理的"智能物联"。

在各级检察机关的工作报告、工作计划中,我们每每能看到一个词语——人民群众关心的问题,这往往是检察机关开展检察工作的重中之重,那么究竟如何确定什么才是"人民群众关心的问题"呢?有没有一个辅助决策的、能够量化的标准呢?湖北省人民检察院探索了一种方法,每年"两会"期间,他们都会派出上百名检察人员,分赴人大各代表团和政协会议小组,全程旁听审议和讨论情况,并将代表、委员发表的与检察工作有关的内容录入到"代表委员意见建议大数据分析系统"中,通过智能归类与整理,系统能够给出究竟什么才是"人民群众关心的问题"的量化指标,从而能够更好地辅助决策、找准检察工作开展的重点。

全国各地检察机关高度重视网络安全和数据安全,通过各种智能系统和运维平台,确保了硬件、软件、人员、信息和数据管理的安全可靠,为各项检察工作提供了坚强保障。近期,最高人民检察院参与的"自主可控安全可靠应用"项目被国家保密局评为"保密科技奖励大会一等奖",集中反映了检察机关网络的安全保障能力。

未来,智慧检务将继续遵循以实践需求和实际问题为导向的发展思路,基于大数据、云计算、移动互联等技术,着力推进人工智能技术在检察工作中的深度应用,将"科、育、产、智、惠"良性循环的智慧检务机制与"感、传、知、用、管"五维一体的智慧检务体系有机结合,竭力打造智慧检务的产品生态。

智慧检务是检察机关在新时代"提挡加速""换道超车"的有力支撑,新的时代,智慧检务势必勇领信息技术的潮流之先,继续深化"科技强检"战略,以智慧检务4.0版总体架构为基础,不断推动新兴信息技术和检察工作深度融合,推动检察事业发展新旧动能的双引擎驱动和接续转换,实现检察机关的全业务智慧办案、全要素智慧管理、全方位智慧服务、全领域智慧驱动。

【延伸阅读】

到 2025 年年底全面实现智慧检务发展目标

2018 年 1 月 3 日,据最高人民检察院网站消息,《最高人民检察院关于深化智慧检务建设的意见》(以下简称"《意见》")提出,到 2025 年底,全面实现智慧检务的发展目标,以机器换人力,以智能增效能,打造新型检察工作方式和管理方式。

"《意见》"指出,深化智慧检务的建设目标是建成智慧检务理论体系、规划体系、应用体系"三大体系",形成"全业务智慧办案、全要素智慧管理、全方位智慧服务、全领域智慧支撑"的智慧检务总体架构的关键。到2020年底,充分运用新一代信息技术,推进检察工作由信息化向智能化跃升,研发智慧检务的重点应用;到2025年底,全面实现智慧检务的发展目标,以机器换人力,以智能增效能,打造新型检察工作方式和管理方式。

"《意见》"称,要积极构建人民检察院信息化4.0版的智慧检务"四梁八柱"应用生态,全面实现检察工作数字化、网络化、应用化、智能化。要升级完善以统一业务应用系统为基础的司法办案平台,强化办案全过程的智能辅助应用。要探索建立智能检察管理模式,统筹优化检察机关"人、事、财、物、策"各项管理要素,全面提升检察机关现代化管理水平。要探索建立智能检察服务模式,拓宽公开渠道,优化检察公共关系,全面提升检察为民服务的质效。要探索建立智能检察支撑模式,以智慧检务工程为载体,以检察机关大数据中心建设和人工智能试点创新为抓手,加强检察科技创新,为检察工作的长远发展提供有力的科技支撑。

"《意见》"要求,智慧检务是一项全局性、战略性、基础性工程,深化智慧检务建设应当遵循"统筹发展、需求导向、以人为本、融合创新、信息共享"的原则。各级检察机关要高度重视,加快完成电子检务工程建设,积极推动智慧检务工程项目的申报和实施,运用科学态度、专业方法和精细标准,抓住机遇,迎难而上。要加强智慧检务的组织保障,完善规范化责任落实机制、高效化内部协作机制、科学化管理审核机制、专业化人才支撑机制、常态化支持保障机制和一体化安全管理机制。

第三节　智慧公安

一、智慧公安建设的意义

近年来,随着我国经济的快速发展,社会治安面临挑战,传统的社会治安防控体系已经不适应时代发展和社会治理的需求。智慧公安紧跟互联网时代的发展脚步,创新公安应用,是以互联网、物联网、云计算、智能引擎、视频技术、数据挖掘、知识管理等为技术支撑,以公安信息化为核心,通过互联化、物联化、智能化的方式,促进公安系统各个功能模块高度集成、协调运作,实现警务信息"强度整合、高度共享、深度应用"之目标的警务发展新理念和新模式。

当前,互联网技术的发展加速了以海量信息和数据挖掘为特征的大数据时代步伐，人类的生产生活及社会管理的环境因此将变成一个个由数据连接与共享形成的"智慧"世界。在世界的基础结构"智慧"化的大背景下，"智慧公安"也成为新一轮公安信息改革与发展的潮流。

构建智慧公安是整合公安信息资源，统筹公安业务应用系统，促进公安建设和公安执法、管理与服务科学发展的必要。智慧公安的构建标志着公安信息化正在走向数字化、网络化、智能化的高度融合，正在满足大数据时代社会对公安工作明确、快速、高效、灵活、智能响应的需求，正在拓展公安机关便民服务的新空间。

构建智慧公安是大数据时代"服务型公安"转型的关键。当前，全球正进行着物联网、移动互联网、云计算等新一轮信息技术变革。新的技术往往孕育着新的重大突破，信息资源已经成为重要的公安战斗力要素，基于信息化的智慧公安不仅成为推动公安警务方式变革的重要引擎，还会给社会治安管理带来深刻变化。其主要表现在：构建智慧公安能够促进公安机关不同警种、部门间及其与社会不同组织、领域间数据信息的集成与共享机制建设；促进公安机关不同警种、部门间的协同工作机制建设，创新警务管理方式；极大地创新公安管理方式，实现"服务型公安"的转变。

构建智慧公安是公安战斗力生成模式转变的重要途径。基于信息化的智慧公安建设是一场新的警务革命，对于整合警务资源、改造警务流程、创新警务模式、降低警务成本、实现警务效能的最优化具有重要推动作用。它让公安警务工作由数量规模型向质量效能型、由人力密集型向科技密集型转变，从而把传统的公安战斗力生成模式转变到以信息技术为核心的高新技术上来，推动将大数据优势转化为公安决策优势、治安优势，提高公安战斗力。

构建智慧公安能够拓展警务功能、改革警务机制、精细警务管理。一方面，智慧公安的建设和实施将促进公安机关由传统的一元化管理职能向管理与服务功能并重、融合转化。另一方面，智慧公安的建设和应用将改变传统的"金字塔"型公安管理体制，实现警务领导与指挥机制的扁平化，从而减少中间管理层，加快信息流动，达到精简机构、快速反应、即时联动的目的。同时，构建智慧公安还有助于提高公安机关警务管理的精细化和科学化水平，提升公安机关的执法水平和服务水平。

二、智慧公安智能化的体现

（一）涉车大数据平台

随着居民生活水平的提高，几乎每家每户都有机动车辆，庞大的车辆基础，加大了公安机关的管理和调查难度。涉车大数据平台是一个以车辆为中心，以大数据、智能化为技术基础，以公安交警部门的交通指挥、车辆管控、违章执法等日常工作，刑侦部门利用车辆信息进行研判分析实战以及科技通信部门运维保障需求为出发点，将分散在各个系统的车辆信息数据进行整合，对其进行深度分析挖掘，并结合智能化技术，构建实战体系，实现服务于全警种的车辆一体化、实战化平台。

涉车大数据平台的应用价值如下：

①实现数据的统一、资源的共享；

②实现对车辆数据的深度分析挖掘，加快对精确查询、比对碰撞、统计分析的响应速度，实现涉车数据的应用最大化；

③大幅度提高刑侦部门侦查破案的效率；

④针对交警部门提供的对重点车辆、异常车辆的实时轨迹跟踪、异常预警，对其实现实时监管。

（二）公安人像大数据平台

目前，市面上有很多公安人像大数据平台，它们基于先进的人像识别比对技术，为公安机关日常办公以及侦查破案提供比对、查重、布控、巡检等多种应用模式。该平台能够帮助公安机关加快嫌疑人身份的确认，减少"人海战术"，在追逃、破案、寻人等应用中发挥了巨大作用，极大提高了公安机关工作效率。

公安人像大数据平台的应用价值如下。

①身份核查：在各地第二代居民身份证、护照、驾照等人像库中比对，快速找出人员身份信息。

②身份查重：针对各类逃犯库，在第二代居民身份证库、监所库等中进行比对，发现匹配候选，寻找漂白身份人员线索。

③人脸布控：通过在汽车站、火车站、机场、码头、港口等人员密集的重要场所部署高清人像摄像头，按标准要求对过往行人进行人像捕获，建成视频人像轨迹特征库，并实时和重点人员、在逃人员、违法嫌疑人员布控库进行碰撞比对，排查可疑人员。

④治安巡检：采集记录某车站、机场进出人员的人像，若需要查证某一特定人员在一段时间内是否出现过，可提供照片进行比对排查。

（三）部门间信息共享与服务平台

"大数据"分析需要一定的数据基础，而信息壁垒在各个行业和不同部门都存在，单就公安部门而言，如能打通各个部门间的数据壁垒，将会为各部门减少诸多不必要的工作量。

部门间信息共享与服务平台是基于云计算与大数据技术，以数据为核心，旨在满足公安机关与其他政府部门、政法机关、相关社会机构等外部门之间进行双向信息交换、访问等业务需求的平台。它能够提供跨部门、跨安全域的信息共享与服务整体解决方案，实现公安数据信息的社会化服务，提高公安信息社会化服务水平。

部门间信息共享与服务平台的应用价值如下。

打通数据壁垒，部门间可实现信息数据共享，大大提升了"情报信息引导警务"的技术支撑能力，进一步提高了公安机关社会管理创新的效能。

（四）视频联网共享平台

网络时代，对于数字影像类的数据存储具有先天优势。视频联网共享平台依托公安信息网，全面整合道路监控、社区监控、治安卡口、电子警察、警务督查、监管场所、讯问场所以及其他社会视频图像资源，实现视频图像信息跨地区、跨层级、跨警种共享应用，为公安各实战部门在治安防控、打击犯罪、维稳处突等方面提供了有力的视频图像技术支持。

视频联网共享平台的应用价值如下。

①扩大视频图像信息的整合规模。

②解决公安视频图像资源的混杂局面。

③提供完善的视频图像应用功能，满足全警的应用需求。

（五）移动警务应用平台

随着我国经济社会的发展和法律体系的不断健全，执法工作所涉及的范围越来越广，执法工作量日益增加。移动警务应用平台能够提供统一的移动应用综合管理平台，并且提供了涵盖公安网站、移动办公、综合查询、交警现场和非现场执法、应用商城、消息提醒、警务微信等在内的基础的交警业务应用。

移动警务应用平台的应用价值如下。

①提高警务工作的及时性。

②简化工作流程。

③方便数据存储和数据分析。

【延伸阅读】

实施公安大数据战略，提升公安工作智能化水平

自 2017 年首次进入政府工作报告以来，"人工智能"已经明确上升为国家发展战略，并在相继出台的一系列相关政策的扶持下在各行业深化

落地，为经济发展注入了新的动能。实施公安大数据战略，就是要提升公安工作智能化水平，以机器换人力、以智能增效能，最大限度地释放警力、提高公安机关核心战斗力。2018年两会发布的2018年政府工作报告中再次提道"人工智能"，指出要实施大数据发展行动，加强新一代人工智能研发应用，在多个领域推进"互联网＋"，运用新技术、新业态、新模式，大力改造传统产业，体现人工智能技术的核心价值。

正是在这一背景下，如何将人工智能等前沿科技与公安业务深度融合，加快公安信息化建设，提升公共安全治理能力与服务水平，就成为产业界和学术界共同关注的焦点。

为了助力公安大数据战略更好、更快地落地，全国的公安科技信息化部门按照公安部党委的要求，扎实推进基础信息化建设，积极应用云计算、大数据、物联网、人工智能等新技术进行系统整合和信息共享；下一步还将继续推进打造以系统化、智能化、扁平化、动态化、人性化为特征的智慧公安，不断提升公安工作的信息化、智能化水平。

三、公安信息化如何迎接"大数据"

自2011年起，随着数字信息的爆炸，"大数据"这一崭新概念开始走红并进入公众视野，相比于传统数据库应用的"技术为主"，大数据更侧重"内容"，强调借助对海量数据的收集、整理、归类、分析、研判等，为科学开展决策服务。大数据既是对传统信息技术的颠覆性创新，又拓展了信息技术的发展空间，促进了信息技术与各行业之间的交叉融合，同时，也给公安信息化建设带来了新的机遇和挑战。在这一时代背景下，结合地方公安信息化建设发展现状，通过大数据对信息的高度整合与共享实现警务工作效能质的飞跃，意义深远。

（一）加强数据信息采集，有效实现共享

当前，随着公安基础信息化建设的深入开展，很多地方公安机关积累了相当规模的数据，同时，由于部分民警对源头数据不敏感以及受到管辖范围的限制等，公安机关在数据掌握方面普遍存在质量参差不齐、数量精细化程度不高、各行业社会数据不足等问题。而大数据对数据的质量、数量及种类均具有很高的要求，加之公安工作的特殊性质以及当前社会日益严峻的维稳、治安、反恐等问题，迫切需要更多更全的社会数据作为支撑。比如，公安机关借助对海量数据的分析挖掘，能及时、科学地研判重点人、人群和事件发生、发展的状况和趋势，进而实现警务活动主动性和预警性的大幅度提升。

因此，这就要求公安机关加强对数据信息的采集工作，无论是内部公安信息，还是外部社会信息，都力求全面、精细、真实。要做到这一点，地方公安机关应加强自身在信息采集方面的工作力度，针对不同警种、不同岗位明确信息采录职责任务，做好基础信息采录与日常管理工作，配备先进的采集终端，推动自助化采集应用，积极研发多功能单警终端，实现相关基础信息采集的真实性、有效性和时效性。同时，地方公安机关还应积极主动地建立起与地方政府其他部门及单位的合作机制，实现数据共享。

此外，还可利用智慧城市建设的契机，主动与智慧城市大数据建设对接，通过建设公安信息网与互联网、政务网的数据交换与应用平台，实现各种有价值数据的共享。

（二）搭建云数据平台

云数据中心是实现海量数据存储和计算的标准平台，离开了云中心，大数据将无从谈起。相比于传统信息系统建设"封闭运行，相对独立"的模式，云计算的大规模分布式计算不仅能实现各类计算资源的动态调整，还能实现自动故障切换和应用系统快速部署，是信息技术发展的大势所趋。

早在"大数据"这一概念走入公众视野之时，中央政治局委员、政法委书记孟建柱同志就提出，"要积极适应互联网云计算技术的发展要求，加强科技研发应用，加快接轨现代信息技术，进一步提高信息中心运算处理能力、存储能力和资源使用率"。要想搭建公安云数据平台，就需要在统一技术构架下，有效整合公安机关原先分散的机房，将其作为主机房的节点补充，形成"物理上分散，逻辑上集中"的云计算中心。

（三）逐步尝试数据开放，促进数据流动

目前，在大数据的推动下，美国、德国、法国、新西兰、加拿大等国家纷纷推出本国的公共数据开放网站，公众能随意地在这些网站上参与各项政府活动，比如考察商品交易价格、分析公共财政开支、参与公共事务的监督、参与公共政策的制定等。由此可见，在大数据背景下，公共数据的开放已成大势所趋。公安机关基于特殊的工作性质，大量工作数据不宜对外开放。笔者认为，作为政府职能部门之一，公安机关在未来势必也会承担起一部分的数据开放任务，以此满足公众的知情权，从而促进数据的自由流动，达到"催生创新，推动知识经济和网络经济发展"的双重目的。当前，在信息数据开放方面，一些城市的公安机关已经进行了一定的探索尝试，比如上海市公安局按旬发布全市治安情况数据，宁波市公安局定期发布"道路交通管理日常工作数据"和"出入境管理局工作数据"等。

数据开放在一定程度上意味着舆论监督更加透明，它对数据的质量也提出了更高的要求，这就要求公安机关必须严格把好数据质量关，确保数据的真实性、有效性、可用性；要注意标准化规范化问题，结合自身实际采取各种措施，切实做到项目管理规范、代码体系规范、接口规范、数据格式规范。

总而言之，现代警务工作对信息化的依赖程度越来越高，对信息收集、处理的速度要求越来越高，大数据作为时代转型的重要产物，能实现公安机关跨部门、跨警种甚至跨地区的数据共享。但因地方公安信息化建设是一个复杂的系统工程，在这个时代发展的关键节点要很好地实现"数据驱动警务决策"，还需要各方的积极配合。

【延伸阅读】

大数据时代背景下如何构建"智慧警务"

数据是科学的度量、知识的来源。随着互联网特别是移动互联网的发展，一个以信息爆炸为特征的大数据时代正在到来。这对公安机关来说既是挑战，又是机遇。对此，必须以创新的理念和思维，把深入实施科技强警战略，大力推进科技创新摆到更加重要的位置，努力提升公安工作的信息化、科学化和现代化水平。

一、大数据时代呼唤数据大开发

如果说过去是一个技术为王的时代，那么大数据时代就是一个内容为王的时代。技术作为获取内容、加工内容、利用内容的工具，更先进的技术无疑可以为我们提供更优的解决方案。就警务信息化应用而言，近年来，浙江公安机关通过系统大整合，从技术层面初步解开了信息孤岛和信息碎片化的死结，为实现更大范围、更高层次的共享应用提供了现实基础。现在的问题已经更多地集中在如何实现对海量数据的深度应用、综合应用和高端应用，促使这些数据从量变到质变。笔者认为，这就需要对数据进行大开发，通过使用数学算法对海量数据进行分析和建模，挖掘出各类数据背后所蕴涵的内在的、必然的因果关系，进而研判出某一事件发生的概率，科学预测其发展趋势，以此来服务打防管控等现实斗争。结合公安机关实际来说，就是要重点做好以下四个方面的工作。

一要搞好数据大调查。要深入排摸数据库中已有了些什么？对比现实斗争需要还缺了些什么？下一步还急需些什么？为了今后工作的发展，还有哪些数据方面的需求和技术方面的需求？这些调查工作是数据大开发的最基础的工作，必须做得实而又实、细而又细。

二要搞好技术架构的优化。重点是加强技术构架的顶层设计，进一步优化当前技术架构，应该着重做好基于云技术的基础设施梳理，基于可视化、扁平化、集成化以及一站式、点到点的技术线路梳理，基于内外网交互的多种传输存储和计算实现方式的梳理，基于安全考量的战略性布局的梳理。

三要搞好海量数据预处理。所谓数据预处理，就是要对各类数据进行筛选、过滤、分类、关联等初加工，建立起如同"超市净菜"这样的数据仓库，并根据特定用户的需求提供定制、配送服务，以改变杂乱无章的原始数据存储状况，提高数据的应用效益。要努力实现从技术服务商向内容供应商的转变，通过对海量数据进行预处理，建立公安机关的数据仓库。

四要以刚性手腕建立信息化标准规范。在大数据时代，信息共享已成为大家的共识，关键是如何才能利用好信息共享。要坚持从源头上解决好标准规范与信息共享问题，除了要树立"共享是原则，不共享是例外"的理念外，还要树立"入库是原则，不入库是例外"的理念，做到项目管理要规范、代码体系要规范、接口要规范、数据使用和系统运维要规范。

二、新黄金十年呼唤构筑创新大平台

10年前，浙江公安机关在没有成功经验可资借鉴的情况下，通过自主创新建设了浙江公安打防控信息主干应用系统，走出了一条具有鲜明时代特征、浙江特色、公安特点的信息化发展道路。如果把此前的以打防控系统为标志的浙江公安信息化称为信息警务黄金十年的话，那么，现在正在徐徐开启的以数据的大整合、大融合、大应用为标志的"智慧浙江公安"无疑是又一个黄金十年。

创新不是口号，必须落实在行动中，具体到"智慧公安"建设，应抓住四个突破口着力进行：

一是项目牵引。纲举就能目张，抓住重点项目建设就可带动一般项目建设。当前要重点抓好警务云的建设与应用，如警用地理信息系统的深度开发应用、视频数据整合挖掘与应用等。

二是搭建面向全警的创新应用平台。就是要为全警打造类似维基、百度、腾讯、淘宝、土豆、优酷这样的公安信息创新应用平台，建立起公安机关的"苹果商店""安卓市场"。既要从现有应用中筛选出一批优秀的小软件、小工具，又要面向公安基层基础工作以及社会管理等领域，开发一批便捷、低成本、普及型的应用软件，以方便全警随时随地下载应用。同时，要完善发明创造评审鉴定、版权保护、奖励表彰等制度，激发和保护好广大民警的创造热情。

三是打造信息化高地和特区。典型示范引领是推动工作的一个重要方法。

打造"智慧公安"，应先抓一些试点县作为示范，每个市选择基础条件较好的一个县作为"智慧公安XX市"的示范县、引领县先行先试，上级公安机关要在项目建设、资金补助、人才支撑、工作帮扶等方面采取一些配套政策，予以重点倾斜。

四是最大化利用外脑进行借力创新。分工合作是现代社会的必然，要善于借力创新，通过全面梳理信息化业务，理清外包服务内容，规范和编制好外包业务目录，探索完善的外包服务模式。只要是社会和企业能够承担的，就要大胆放开准入。同时，要加强与高科技单位的战略合作，培养一批项目技师等开发应用型专业人才，逐步走自主开发和运维之路。

三、高风险时代呼唤念好安全"紧箍咒"

网络无疆界，互联网在给生产生活带来极大便利的同时，也给信息安全带来了极大隐患。一定意义上说，互联网时代就是高风险时代。处在风险时代，一定要有风险防范意识和危机管理能力，牢记"100-1=0"，没有安全保障这个"1"，其他再多也是没有意义的。

要想守住数据不丢、网络不断、系统不瘫这条底线，必须时刻关注九大安全。一是内容安全，杜绝"一机两用"。二是运行安全，重点关注运行平台是否可靠，运行制度是否完善，运行值守是否到位。三是边界安全，确保内外网交互不出纰漏。四是终端安全，严防警务通、平板电脑等终端遗失，并确保这些终端联入系统的安全性。五是传输安全，确保网络拥有足够的带宽和稳定性，防止数据丢失的事故发生。六是系统开发安全，防止源代码流入社会，并做好知识产权保护工作。七是通信保障安全，提高系统的稳定性，并确保一旦出现危机，能够快速反应、迅速排除。八是队伍自身安全，坚持拒腐防变警钟长鸣，反腐倡廉常抓不懈，与运营商等企业打交道时一定要洁身自好。九是大安防产业的安全，特别是要加强视频监控资源管理，防止侵害群众的隐私权。

四、创新时代呼唤队伍素质能力大提升

人才是科技创新中最具能动性的因素。各级公安科技信息化部门作为公安机关信息化建设的主管部门，队伍素质能力的高低直接决定整个公安信息化建设的成败。

一是机构要健全、统一、规范。要按照职能明晰、称谓统一的要求，大力加强科技信息化队伍的正规化建设。现在还有不少县级公安机关没有设立科技通信部门，笔者认为，这是不合时宜的，不要求各机构都单列此部门，可以与其他部门合署，但必须要有专门的人从事科技信息化工作，称谓也要

统一，职能也应进一步明晰。

二是培训学习要加强。信息化发展日新月异，对科技信息化民警来说，学习培训尤为重要。要根据信息化发展和公安实战需求，及时调整培训大纲，既要学习信息化新知识，又要学习掌握新的政策法律知识、新的公安业务知识，促进先进技术与公安业务互融共进、互促共长。要大力培养专家型人才，鼓励民警参加各类岗位执业资格认证，同时还可选调一批基层骨干民警到专班和项目办进行跟班培训，培育一批行家里手。

三是活力要增强。增进人才交流，要吐故纳新，及时引进优秀人才，及时更换不适应岗位需求的人员。既要立足自身培育自有人才，又要坚持眼睛向外，积极引进公司和企业的优秀人才。要进一步完善交流协作机制，与大企业开展战略协作，与小企业开展微观协作，通过多层次、宽领域的交流与合作，不断为公安信息化发展注入活力源泉。

四是团队文化要培育积淀。文化是队伍的灵魂，没有文化的队伍必然是一盘散沙。IT 产业有着特殊的文化，如果说它是朝阳文化，那么它就代表着潮流、代表着未来。要善于吸纳 IT 产业中的蓬勃朝气、创新勇气，以及 IT 人所独有的梦工厂文化元素和中华民族淡泊明志、宁静致远的传统文化元素。要恪尽职守，盯住一些事进行攻坚克难，在干事中享受成功的喜悦，实现自我的人生价值。

第四节　智慧司法

一、智慧司法智能化的体现

（一）全业务网上办理

随着智慧法院信息化建设的深入开展，全国各省市都投入了一些智能庭审系统，可以与法院办案系统无缝对接。原告和被告可以在各自家中，通过智能庭审系统与法庭里的法官、书记员视频连线。与庭审一样的是，证据展示、法庭调查、法庭辩论、最后陈述、笔录签收等流程一样不落。不同的是，省去了奔波劳累，当事人能在家实时看到法律文书，电子签字后即可生效。除网上开庭外，还集网上立案、网上缴费、案件查询、网上质证等多项功能于一体，大多数案件的诉讼流程都能在线上完成。

基于互联网平台的诉讼不受时间、空间、地理、交通等因素的限制，这种"让数据多跑腿，让群众少跑路"的"互联网＋电子诉讼"新模式已在全国铺开，真正实现了全业务网上办理。

（二）全流程依法公开

"智慧司法"的"网络化"与"阳光化"可以说是一枚硬币的两面。互联网诉讼平台的建立对于推动法律服务信息公开大有裨益，电子卷宗随案同步生成和深度应用，也便利了信息的存储和公开。

2018年1月5日，人民法院"智慧法院导航系统"上线运行。这个依托百度地图建设的系统，不仅覆盖全国四级法院、所有派出法庭等的导航信息，还实现了12368诉讼服务热线、审判流程信息公开网、裁判文书网、执行信息公开网、诉讼服务网等诉讼服务信息的集中入口展示，为用户寻找公开信息提供了方便快捷的入口。

根据国务院新闻办公室2017年12月15日发表的《中国人权法治化保障的新进展》白皮书，截至2017年10月16日，中国审判流程信息公开网累计公开案件信息项83.3万项，访问量达253万次；截至2017年11月3日，各级法院通过中国庭审公开网直播庭审40.4万件，观看量达30.1亿人次，全国共有3187家法院接入中国庭审公开网，覆盖率达90.43%。

无论是上网查询相关材料，还是观看庭审直播，越来越多的人通过网络能够轻松获取依法公开的法律信息。

（三）全方位智能服务

智慧法院决不仅限于建设一些网络设施、应用一批业务系统、提供几种智能服务，更在于利用先进的网络信息技术推动整个法院审判执行方式的全局性变革，借助人工智能技术极大地辅助法官和办案人员提高司法质效。

在判案过程中，相关的线索数据、法律条文和案例可为定罪量刑提供重要参考，而云计算、大数据、人工智能等前沿信息技术的使用，使类案推送更为精准有效。

除此之外，庭审语音同步转录、智能辅助量刑建议、监督结果智能纠错等人工智能系统，使法庭和诉讼变得越来越智能。"智慧司法"不再是纸上谈兵，老百姓已开始享受到更加高效、便捷、透明、专业的法律服务。

【延伸阅读】

加强司法信息化建设，促进世界法治文明发展

2018年3月26日上午，以"挑战与超越——互联网时代的司法"为主题的中国与葡萄牙语国家最高法院院长会议在广州开幕。中华人民共和国首席大法官、最高人民法院院长周强做了专题发言。

周强指出，当前信息化浪潮蓬勃兴起，深刻改变着人类社会。中国一直

高度重视信息化建设，近年来信息技术尤其是移动互联技术的发展令世界瞩目。中国法院积极主动拥抱现代科技，大力加强智慧法院建设，促进审判体系和审判能力现代化，不断提升司法为民、公正司法水平，努力让人民群众在每一个司法案件中都能感受到公平正义。

周强介绍，中国法院着力推动现代科技与法院工作深度融合，法院信息化 3.0 版主体框架已经确立，智慧法院建设格局初步形成。全国各级法院在"一张网"上办公办案，实现了全业务网上办理、全流程依法公开和全方位智能服务。中国法院深度运用人工智能推动法院改革创新，运用信息化手段不断提升执行工作效率，运用信息化平台服务社会公众诉讼，初步形成了信息动态感知、知识深度学习、数据精准分析、业务智能辅助、网络安全可控的科技应用新格局，为信息时代的世界法治文明建设做出了有益探索。

周强介绍，中国法院全面深化司法公开，让社会公众以看得见的方式感受公平正义。中国法院坚持主动公开、依法公开、全面公开、实质公开的理念，坚持以公开为原则、不公开为例外，开通了审判流程、庭审活动、裁判文书、执行信息四大公开平台，司法公开覆盖法院工作各领域、各环节，开放、动态、透明、便民的阳光司法机制基本形成。

周强表示，中国法院将积极推动大数据、云计算、人工智能在司法领域的全面运用，着力把现代科技从强调工具性的浅层运用推向更深层次的规则治理和制度构建，破解传统手段无法有效解决的诉讼难题，实现诉讼制度体系在信息时代的跨越发展。中国最高人民法院希望与葡语国家最高法院加强交流互鉴，深化务实合作，不断提升司法信息化和网络空间法治化水平，共同为推动各国司法事业发展和人类法治文明进步做出贡献。

二、智慧司法建设的功能价值

司法信息化建设是实现司法现代化转型的必经之路，而"智慧司法"建设则是司法信息化建设的关键举措，大数据时代，智慧司法建设的具体功能价值如下。

首先，有助于构建便捷化司法服务体系，强化个性化司法服务能力。大数据等信息化技术的应用将打破电子化诉讼中证据与身份认证的难题，从而实现完整意义上的网上立案、电子送达、电子认证、网络庭审。由此，传统诉讼服务的时空限制才有望被打破，当事人足不出户即可享受便捷化的诉讼服务。同时，通过大数据智能的无监督、半监督学习技术，系统可以从海量诉讼文书中自主抽取关键司法知识、构建国家审判信息知识库，从而为社会公众提供类案检索、诉讼风险分析、诉讼策略推荐等个性化的诉讼服务。

其次，还有助于构建智能化司法办案体系，强化精准化司法办案能力。

最后，有助于构建扁平化司法管理体系，强化静默化司法管理能力。一方面，同案不同判预警、庭审违规行为智能巡查等一系列功能的完善使司法机关内部管理事项的自动化、流程化与智能化水平得以提升；另一方面，上述功能的完善实际上也强化了管理者的管理能力，也就是管理幅度得以有效扩展，管理的精准化水平有所提升。在两大因素的共同影响下，司法机关内部管理层次的减少就成为可能，扁平化的瓶颈就有望突破。

三、智慧司法建设面临的挑战

智慧司法建设面临的挑战如下。

一是理论体系构建不足。在目前智慧司法的建设过程中，很多理论体系还不是很成熟，其细分的一些问题还没有人做出深入和系统的解释，并且目前智慧司法与"法院、检察院信息化"等概念之间的关系还不明确。所以，无论是理论还是实践，都存在着不同程度的问题。还有一些片面性的言论，比如"人工智能代替法律从业者，取代法官、检察官办案"等相关话题，有很大的局限性，也是对司法大数据思考不足的地方。

二是"智慧司法"的智能化开发水平和实用性有待提升。当前的智慧司法建设，是建立在云计算、大数据、人工智能等技术刚刚起步的基础之上的，部分智能化系统的实用性并不强，还不能为公众普法、司法办案、司法管理等提供比较全面和高水平的智能服务，主要表现在下列三个方面：

第一，目前已经开发的辅助办案系统的智能化水平很低，不能扭转基层司法机关案多人少的局面。应该从实际出发，抓住司法实务的真正痛点，根据司法人员的工作需求，加强智能化产品的研发。

第二，受制于较低的智能化水平，阳光司法的影响力尚未达到应有程度，司法公开四大平台的应用广泛性和群众满意度还需着力提升，司法便民服务的水平有待提升。

第三，大数据的开发与应用目前才刚刚起步，人工智能等技术在司法领域的使用存在局限性，并且对于数据资源的开发利用不足，数据安全也存在隐患，智慧司法在服务国家治理模式转型和促进经济社会发展方面的潜能还没有充分释放。

【延伸阅读】

给滴慧集团大力推进的全国智慧律所建设点赞！

"思维从交流产生，滴慧集团把握时代脉搏，将智慧律所与智慧法院结合，律所应善于利用新技术，才能做大、做强！"

——郭卫华

郭卫华博士胸怀天下，被誉为"法界大侠""民间司法改革专家""法官的守护者""有思想的法律人""有情怀的法律人""中国法治理念传播志愿者首倡人""中国苦口良药派法律评论家"。

2018 年 8 月 24—26 日，由北京大学法商课题组主办、滴慧集团承办的第四届"区块链 + 人工智能"赋能中国律所发展论坛暨智慧律所与智慧法院落地峰会在北京召开，特邀郭卫华老师进行了"如何提高律师市场竞争力"的主题演讲，如图 4-4-1。

图 4-4-1　郭卫华老师发表主题演讲

律师应具备铁身体、铁嘴巴、铁笔。

律师往往要承担高强度、高负荷的工作，所以一定要有一个强健的身体，尤其最近几年律师英年早逝的新闻渐多，十分可惜，在这里，郭卫华向在场的律所主任传授了健身秘诀，首先每天坚持打太极和站桩，采用最方便简单实用的方法，让锻炼成为自己日常工作的一部分。其次一定要有一张铁嘴巴，律师靠嘴吃饭，不要啰里啰嗦，法官的时间有限，在几分钟内要把要点讲出来，援笔立成，写作能力对每个律师来讲都十分重要。

春江水暖鸭先知，律师要具有跨界思维。

"区块链 + 人工智能"大背景下，律师一定要有第一时间掌握法律服务市场新需求的能力，唯有春江水暖鸭先知，才能满足法律服务市场需求，优秀的律师一定要有跨界能力，要做一个"斜杠人生"的法律人，这个时代离不开人工智能技术，如果律所不善于利用新技术，一定做不大，做不强。

我们赶上一个好时代，微信、微博新媒体为所有人提供了展现自己的平台，每一个律所主任都应高度重视，一定要以内容为主，不要浪费时间。法律服务市场现呈现多元化，再大的律所也不能"一手遮天"，一定要打造自己的品牌，一招鲜吃遍天，司法改革如火如荼，律师只有具备了核心专业能力，才能独步天下！

图4-4-2　郭卫华老师为滴慧集团点赞

把握新形势，为滴慧集团智慧律所点赞。

滴慧集团把握时代脉搏，给大家提供了一个平台，实现了智慧律所与智慧法院的结合，这受到了郭卫华老师的高度赞赏，如图4-4-2，他认为法律要想突破传统，走在时代发展的前沿，就必须学习，没有知识储备无法给别人提供法律服务，这是法律服务的前提，律所主任和律师都应不断学习新的东西，如果不学习，就不能满足时代发展的要求，会被社会淘汰，"区块链＋人工智能"对法律行业既是挑战，又是机遇，智慧法院和智慧律所的创建，大大提高了律师的办案效率，无论是律所还是律师，都应触碰未来，掌握法律技术工具，拥有跨界的能力，利用互联网平台建立专业口碑及影响力，打造法律服务互联网化新模式。

滴慧商学创始院长高度强提出总裁律师的概念，郭卫华表示十分得赞同，他认为总裁律师的概念思维应该渗入所有的企业，他希望律师更多地成为企业总裁律师，帮助企业发展，真正地让每个企业背后都有一个总裁律师，希望所有的律师都助力优秀企业走向成功，永葆企业基业常青。

商无法不兴，商无法不稳，滴慧集团作为本次大会的承办方将知识和智慧融合，促进成长型律所联合发展成为"智慧律所"，帮助成长型律所实现飞跃，滴慧集团旗下的滴慧商学致力于打造总裁和律师的商学院，通过"智慧律所"实现对成长型律所的全方位、系统化打造，将"互联网＋"应用融汇到律所的发展、管理、运营等方面，让律所得以快速发展，同时将理念融入企业发展的各个阶段中，将律所与企业进行完美的结合。学习力就是竞争力，想象力就是驱动力，未来，滴慧人在法商道路上，将不断继续努力，实现法商产业报国。

参考文献

［1］李开复，王咏刚．人工智能［M］．北京：文化发展出版社，2017．

［2］高度强．谁站在马云背后：总裁律师帮总裁打天下［M］．北京：中国商业出版社，2018．

［3］潘言博，丽萨·哈坎森．律所再造：律所革命的宣言书［M］．马硕，译．北京：法律出版社，2017．

［4］杨光瑶．互联网＋企业办公：玩转智能移动办公就这么简单［M］．石家庄：中国铁道出版社，2018．

［5］智慧检务创新研究院．智慧检务言与思：检察大数据应用沙龙精萃［M］．北京：中国检察出版社，2018．

［6］张兆端．智慧公安：大数据时代的警务模式［M］．北京：中国人民公安大学出版社，2015．

附　录

图 1　智慧律所主任代表参观金杜律师事务所

图 2　智慧律所主任代表参观北京岳成律师事务所

图 3　智慧律所主任代表参观中伦律师事务所

图 4　高度强和《民主与法制》总编刘桂明老师

图 5　智慧律所主任代表参观法律出版社

图 6　智慧律所主任代表参观安理律师事务所

图 7　智慧律所主任代表参观北京市中伦文德律师事务所

图 8　智慧律所主任代表参观法制晚报

后　记

智慧律所全球化的发展与未来

在大数据时代，传统的律师事务所管理与业务发展模式早已不适应信息化发展的要求，为此，今天的律师事务所应该充分利用信息化时代带来的信息建设优势，顺应时代发展潮流，积极开展信息化建设，从根本上提高管理效率与质量。

"智慧律所百城千创工程"，是律师事务所践行信息化管理、促进自身发展和强化专业水平的客观需要，旨在通过智能化平台将全国 100 个城市 1000 家律师事务所连接在一起，增强律所的核心竞争力，促进法律服务市场的结构性变革。

智慧律所对内能帮助律所降低经营成本、实现知识资源共享、提升品牌竞争力、规避行业风险；对外能通过平台信息化、资源共享化、人工智能化将全国各地智慧律所连接在一起，为培育新时期律师的职业技能、职业习惯、职业态度提供保障，能充分发挥律师在建设社会主义和谐社会中的积极作用，加快我国法治化社会的进程。

本书对建设智慧律所的影响，以及如何打造智慧律所做了详细的阐述，力求探索出符合中国律师事务所实际的信息化发展模式与思路。

律师事务所，从本质上说属于服务性组织。根据这一定位，律师事务所就应与各个方面保持充分畅通的沟通和交流，提高自身服务质量和服务水准，在目前整个社会的信息化建设进程中，律师事务所基本处于最末端，国内的大部分律所都还没有实现办公自动化，近 70% 的律所能够提供数据库支持和网络支持，但是信息化建设的效用却十分低下。在办公管理软件方面，有 42% 的律所还没有购买办公管理软件，有近 30% 的事务所感到律师们由于工作习惯难以改变，对于信息化办公软件使用不便，只有 20% 左右的律所能够提供更专业化的业务辅助。所以，律所的信息化建设迫在眉睫。

中国经济正在由过去的高速增长阶段向中高速增长阶段过渡，并在发展方式上由过去的粗放型向"精耕细作"型转变。因而对于法律服务来说，律师事务所必须有所调整。在今天的市场竞争中，简单的、粗放的发展模式已逐渐走到终点，而思维创新、技术创新才符合行业进步的要求。

信息化时代的云计算、大数据、物联网、移动互联等正在引领着新一轮的产业革命，不仅满足了律所发展的需求，还提高了律所竞争力，律所迫切需要通过信息化了解市场信息和扩大业务来源。经济发展和法治建设促使法律服务需求迅速膨胀，律师行业竞争日益激烈，律师和律所应使用信息化的手段和工具以更好的品牌更快速地抢占先机、拓展客户。

随着我国社会主义法制建设的不断深入和人民群众法律意识的不断增强，各类法律争议案件不断增加，律师事务所面临着良好的发展机遇。伴随着业务量的增多，律师业务、客户管理、知识资源共享等问题对律师事务所的管理水平提出了较高的要求。笔者认为，进行信息化建设是律师事务所持续发展和保持核心竞争力的一项重要举措。

笔者在推动"智慧律所百城千创工程"项目开展的过程中发现，很多中小型的律师事务所目前都已经具备了信息化管理的思维，面对信息化所带来的发展机遇与挑战，律所管理层已经形成信息化建设意识，但大部分的律所对信息化以及信息化产品的了解存在一定的局限性，并因没有一个可以给予指导的平台或者可以借鉴的优秀案例，信息化建设一直止步不前。笔者深谙律所的痛处，所以及时推出了此项工程。希望通过这样一个工程，可以帮助更多的律所转型成智慧律所，推动智慧律所与智慧法院的对接，实现更多业务的落地。

笔者相信，通过科学技术的不断发展，通过人工智能等技术的迭代更新，更多的律所将会通过信息化建设，转型成智慧律所，进而拓宽整个法律服务业的市场，提升法律服务水平、服务技能和服务效率，让更多人享受到更专业的法律服务。

在未来，笔者希望以中国律所为典型的"智慧律所"可以"走出去"，立足本地，放眼全球，服务于全世界，并朝着专业化、规模化、国际化、品牌化的方向发展，形成全球法律服务网络体系，助力国家社会主义法治建设，让世界看到中国法律服务业的力量，做智慧律所全球化战略的"引领者"。